Barbara Bronnen
Fliegen mit gestutzten Flügeln

Barbara Bronnen

Fliegen mit gestutzten Flügeln

Die letzten Jahre
der Ricarda Huch
1933–1947

Arche

Für Antje Lemke, Elke Fröhlich und
Gisela Fichtl, die das Buch begleiteten

Umschlag: Max Bartholl/b3K Hamburg-Frankfurt a. M.
Umschlagfoto: *Ricarda Huch, 23. 8. 1946* © Fritz Eschen
Staats- und Universitätsbibliothek Dresden, Deutsche Fotothek
Satz: Greiner & Reichel, Köln
Druck und Bindung: Clausen & Bosse, Leck
Printed in Germany
ISBN 978-3-7160-2373-0

Inhalt

»Denke aber daran, wie kurz das Leben ist, und
wie schön der Himmel, die Wolken, die Berge,
die Blumen, die Tiere, und wie unglücklich
die Menschen meistens sind, und wie viel man
ihnen sein kann. Und es gibt so schöne Gedichte,
deren Klang einen entzückt. Du bist natürlich
noch zu jung, um Dir bewußt zu sein, wie bald
man das alles verliert, davon scheiden muß. Es ist aber
doch gut, sich von Zeit zu Zeit vorzuhalten, was
für ein köstliches Gut das Leben an sich ist.«[1]

Ricarda Huch an Elsbeth Merz,
Jena, 26. Februar 1946

1
Die letzten Lebensjahre erzählen

Ricarda Huch, um 1946

Sie schaut mich an, aufrecht und ungebrochen, mit Augen, die ohne Abwehr in die Kamera blicken. Eine fast hypnotische Wirkung geht von der Iris aus. In der Nachdenklichkeit des Blicks liegt gelebtes Leben: Mehr als ein dreiviertel Jahrhundert Geschichte hat den Charakter der Historikerin und Dichterin Ricarda Huch geformt, aber auch Risse hinterlassen – feine Risse, wie bei einem alten Seidentuch.

Sie trägt eine weiße Duchesse-Bluse, darüber eine extravagante schwarze Samtjacke mit einem Art-déco-Muster, die sie noch zarter und durchsichtiger macht. Die mit zwei Ringen geschmückte Rechte stützt lässig das Kinn. Die Nasenflügel sind leicht gebläht, der kluge Zug um den Mund hat sich zweifellos verstärkt.

Meine Neugier ist geweckt. Das ist nicht das übliche Bild einer Achtzigjährigen, wie es uns die Porträts unserer Vorfahren zeigen, die in ihrer Unberührbarkeit etwas Gespenstisches haben. Das ist kein Bild, auf dem die Zeit stehengeblieben ist. Je länger ich es betrachte, desto mehr Fragen stelle ich mir, Fragen nach dem Lebensweg dieser außergewöhnlichen Frau, ihren inneren Kämpfen, ihren Brüchen und Widersprüchen, ihrem Wissen, ihren Gefühlen.

Ihr Gesicht zeigt eine würdevolle Art zu altern, ohne die Senkfalten und den vertieften Ausdruck der Unzufriedenheit, wie er Gesichter und Körper unserer Zeit prägt. Fest und zerbrechlich zugleich, ist sie sich ihres Alters voll bewußt, hat es längst angenommen. Man spürt, daß sie nichts bedauert.

In ihrer Erhabenheit aber liegt auch etwas Einschüchterndes und Irritierendes. Um so mehr drängt es mich, etwas über die Zeiten, Orte und Menschen zu erfahren, die dieses Leben in ihren letzten Jahren berührt haben. Wie sah das letzte Lebensjahrzehnt der Ricarda Huch zwischen 1933 und 1947 aus? Wie überstand Ricarda Huch die Nazizeit in Jena? Wie erlebte sie die Nachkriegszeit? Was schrieb sie?

Sechzig Jahre sind seit ihrem Tod vergangen. Von den 12 000 Seiten ihrer *Gesammelten Werke* sind nur mehr *Der letzte Sommer, Der Dreißigjährige Krieg* und *Der Fall Deruga* im Handel. Ihren Namen kennt der eine oder die andere noch, doch ihre literarischen Geschichtswerke, zu ihrer Zeit viel gelesen und in hohen Auflagen erschienen, sind heute weitgehend unbekannt. Ihr Buch über *Die Romantik,* das erfolgreichste ihrer Bücher, heute durchaus wieder ein Thema, oder ihre Romanbiographie *Michael Bakunin und die Anarchie* – verschwunden.

Von ihrer Lebensgeschichte gibt es nur Bruchstücke. Mit der eigenen Vergangenheit sich zu beschäftigen war für sie, »wie wenn man einer Katze das Fell verkehrt herum streicht«. Die *Jugendbilder* sind in den *Gesammelten Werken* erschienen.[2] Die Briefe ihrer Jugendjahre, die ausführliche Korrespondenz mit ihrer Großmutter Emilie Hähn wurden von ihren Angehörigen vernichtet, wohl, um die skandalöse Liebe zu ihrem Cousin und Schwager zu vertuschen. Mehr als 1000 Briefe sind erhalten geblieben und bilden einen Teil des Ricarda-Huch-Archivs im Deutschen Literaturarchiv in Marbach. 1950 veröffentlichte Marie Baum, die langjährige Freundin seit den

Zürcher Studienzeiten, postum eine Auswahl von Briefen in ihrer Biographie *Leuchtende Spur. Das Leben Ricarda Huchs*, 1955 brachte sie die Auswahl *Briefe an die Freunde* heraus, die 1986 von Jens Jessen für eine Neuausgabe überarbeitet und ergänzt wurde. 1994 erschien der Briefwechsel mit Elisabeth und Heinrich Wölfflin, der Briefwechsel mit Joseph Viktor Widmann ist nur noch im Antiquariat zu finden.

Ricarda Huch wird weder in der Schule noch an Universitäten gelesen. In der Literatur über die Nazi- oder Nachkriegszeit taucht ihr Name kaum auf. Historiker, die ich befrage, geben zu, wenig über Ricarda Huch zu wissen. Hält man sie für plüschig, antiquiert? Mag sein, daß ihre uns manchmal altmodisch anmutende hochangesetzte Sprache irritiert. Dennoch ist, sie heute wieder zu lesen, eine überraschende Erfahrung.

Nur noch wenige Zeitzeugen haben mir von Ricarda Huchs letzten Lebensjahren erzählt. Die Biographen behandeln die Jenaer Zeit knapp. In der Biographie von Else Hoppe, die noch zu Ricarda Huchs Lebzeiten mit ihr korrespondiert hat[3], und in Cordula Koepckes Biographie[4] spielt diese Zeitspanne eine marginale Rolle. Anne Gabrisch widmet sich ausschließlich Ricarda Huchs Liebesgeschichte mit ihrem Cousin und Schwager Richard Huch.[5] Ruth Rehmann[6] und Renate Feyl[7] haben bewundernde essayistische Betrachtungen verfaßt.

Es ist das Verdienst des früheren Leiters des Stadtmuseums in Jena, Wolfgang Wahl, uns in seiner Schrift *Ricarda Huch. Jahre in Jena*[8] ihr letztes Lebensjahrzehnt nähergebracht zu haben. Auch Wolfgang M. Schwiedrzik greift in seinem verdienstvollen Buch *Ricarda Huch. In einem Gedenkbuch zu sammeln … Bilder deutscher Widerstandskämpfer*[9] die Thematik auf. Ihm verdanken wir den Abdruck eines Teils ihrer Korrespondenz mit den Angehörigen deutscher Widerstandskämpfer, die im Münchner Institut für Zeitgeschichte und im Deutschen Literaturarchiv in Marbach am Neckar archiviert ist.

Dieses Buch hat sich zum Ziel gesetzt, die Entwicklung der 1864 geborenen Dichterin und Autorin einer literarischen Geschichtsschreibung, Ricarda Huch, in ihrem letzten Lebensjahrzehnt, eingebettet in ihre Zeit und ihren Alltag, zu erzählen. Das Porträt eines Lebensabschnitts muß dabei erfahrungsgemäß auf vieles verzichten, was das frühere Leben und das bisherige Werk betrifft. Andererseits begegnen wir in Ricarda Huch einer Schriftstellerin, die wie kaum eine andere besondere langjährige freundschaftliche Beziehungen zu bedeutenden Persönlichkeiten ihrer Zeit pflegte und die in ihrem umfangreichen Briefwechsel mit den Freunden detailliert von den Besonderheiten ihres Lebens berichtete. Das reiche Briefmaterial aus der Zeit des Nationalsozialismus, des Kriegsendes und aus ihrem aktiven und politisch engagierten Leben in der Sowjetischen Besatzungszone wurde bislang wenig ausgewertet, obwohl Ricarda Huch durchaus um das Interesse, das ihre Briefe finden würden, wissen mußte und ihre Briefe auch im Hinblick auf künftige Leser verfaßte. Ricarda Huch, die Kennerin der Romantik, knüpfte mit ihren Briefen an die Briefkultur der Frauen der Romantik an und stellte einen imaginierten Dialog mit uns, den Leserinnen und Lesern, her. Für sie lag das eigentliche, politische Wesen der Freundschaft im Gespräch, ob mündlich oder schriftlich, und ihr Gespräch galt immer der gemeinsamen Welt, die menschlicher wird, wenn in ihr eine menschliche Stimme erklingt.

Selbststilisierung gestattete sie sich dabei nicht, und doch stellt sich die Frage, ob sie nicht stets eine Öffentlichkeit im

Auge hatte. Große Schriftsteller achten voll Stilempfinden darauf, wie und was sie schreiben. Ricarda Huch mußte in jenen Zeiten, in der es weder Fotokopierapparate noch Faxe gab, damit rechnen, daß ihre Briefe vorgelesen und verbreitet wurden. Ein bewußtes Schreiben für die Nachwelt? Immer im Kopf, eines Tages in Archiven zu landen? Da sich in den von Marie Baum besorgten Briefausgaben keine einzige indiskrete Zeile findet, ist zu vermuten, daß sie sich mit Ricarda Huch abgesprochen hat.

Die Autorin historischer Romane, eines reichen lyrischen Werks und poetischer Geschichtsschreibung war nie involviert in literarische Strömungen, wie auch ihren historischen Arbeiten keine Theorie zugrunde lag. Die Geschichte war ihr Leben, sie war Struktur, Entwicklung und Sinn. Ricarda Huch hat im Alter der Versuchung widerstanden, mit fertigen Bildern weiterzuarbeiten und sich darin bequem einzurichten. Sie schuf sich eine neue Grundlage und beschritt einen neuen Weg. Das macht ihre letzte Lebensspanne so bemerkenswert: Es ist das Leben einer Frau in einem Zwischenraum, zwischen Vergangenheit und Gegenwart, geprägt von zwei Weltkriegen, von politischen Umstürzen, Entbehrungen, Umzügen und Repressionen, einer Frau, die in hohem Alter eine andere geworden ist.

Das Faszinierendste an der späten Ricarda Huch ist die Leidenschaft, mit der sie sich in ihrem letzten Lebensjahrzehnt, in dem man normalerweise weniger flexibel reagiert, aus der Spur tritt und sich einem neuen Leben zuwendet, erfüllt von neuerworbener sozialer und politischer Kompetenz. Ist die Offenheit, mit der sie sich Fragen stellt und mit neuen Erfahrungen konfrontiert. Ihr Ziel war es, durch ihr Verhalten ebenso wie durch ihr letztes Buch, das *Gedenkbuch zum Widerstand,* daran mitzuwirken, daß nach 1945 ein anderes Deutschland entstand, und den Anfängen zu wehren, die dies verhindern könnten. Die Freude des Neuanfangs, unbeschadet vom hohen Alter, das ist es, was sie uns vorgelebt hat.

2
»Zu stolz, um nicht mutig zu sein«

Arbeitssitzung der Sektion für Dichtkunst in der
Preußischen Akademie der Künste in Berlin,
28. Oktober 1929, aufgenommen von Erich Salomon.
Von li. nach re.: Alfred Döblin, Thomas Mann,
Ricarda Huch, Bernhard Kellermann, Hermann Stehr,
Alfred Mombert und Eduard Stucken.

Im Jahr 1926 war Ricarda Huch als erste Frau in die neugegründete Sektion für Dichtkunst in der Preußischen Akademie der Künste in Berlin berufen worden. Da es für sie nichts Langweiligeres als Akademien gab, nichts Öderes als Repräsentieren, nichts irritierender war als Bewunderung und Ehrfurcht, die man ihr entgegenbrachte, zögerte sie, die Wahl anzunehmen.»… es widerstrebt mir, einer Gesellschaft anzugehören, innerhalb welcher ich gar nichts leiste und wo ich mich nicht am Platze fühle.«[10] Erst Thomas Mann gelang es, Ricarda Huch zur Annahme der Wahl zu bewegen. Gequält sagte sie zu, bereute es aber spätestens 1933.

Nach Hitlers Machtantritt begann auch in der Akademie der Versuch, die Mitglieder auf die neue Politik einzuschwören. Ricarda Huch erhielt wie die anderen Mitglieder die von Gottfried Benn verfaßte und nur mit Ja oder Nein zu beantwortende Umfrage, ob man bereit sei,»unter Anerkennung der veränderten geschichtlichen Lage weiter Ihre Person der Preußischen Akademie der Künste zur Verfügung zu stellen«[11]. Eine Bejahung dieser Frage würde die öffentliche politische Betätigung gegen die Regierung ausschließen.

Zum erstenmal sah Ricarda Huch in dieser rüden Aufforderung Grund genug, gegen den neuen Anpassungsdruck zu protestieren, und lehnte es schlichtweg ab, diese Frage zu beantworten. Sie sei»stets mit Nachdruck dafür eingetreten, daß bei der Wahl der Mitglieder nichts anderes maßgebend sein«

dürfe »als ihre künstlerischen Leistungen und die Bedeutung ihrer Persönlichkeit«[12], daran werde sie auch künftig festhalten, heißt es in ihrem Schreiben an Max von Schillings, den Präsidenten der Akademie, von Mitte März 1933.

Der Ton dieses und der folgenden Briefe an die Akademie macht deutlich, daß sie ihren Protest bereits als politischen Akt begriff. Sie hatte die Spur des Handelns aufgenommen.

Die Akademie jedoch wollte ihr Prestigeobjekt Ricarda Huch, die einzige Frau, »ein Mitglied von Ihrer hohen geistigen Bedeutung«, wie Max von Schillings sie in seiner Antwort wissen ließ, mit »Ihrem tiefen konservativen Lebensgefühl und Ihrer großen ins Volk reichenden schöpferischen Wirkung als Künstler«[13] nicht verlieren.

Erbittert von der doppelzüngigen Antwort, schrieb sie zurück, daß sie die »Handlungen der neuen Regierung aufs schärfste mißbillige ... aber auf das Recht der freien Meinungsäußerung will ich nicht verzichten ... Ich nehme an, daß ich durch diese Feststellung automatisch aus der Akademie ausgeschieden bin.«[14]

Von Schillings warnte Ricarda Huch daraufhin, daß ein solcher Schritt »in der Öffentlichkeit nur mißverstanden werden«[15] würde. Dieser nochmalige dreiste Versuch, ihre Ablehnung zu übergehen, stieß auf Ricarda Huchs sarkastischen Protest: »Was die jetzige Regierung als nationale Gesinnung vorschreibt, ist nicht mein Deutschtum. Die Zentralisierung, den Zwang, die brutalen Methoden, die Diffamierung Andersdenkender, das prahlerische Selbstlob halte ich für undeutsch und unheilvoll. Bei einer so sehr von der staatlich vorgeschriebenen Meinung abweichenden Auffassung halte ich es für unmöglich, in einer staatlichen Akademie zu bleiben.« Sie beendete ihren Brief mit dem klaren Satz: »Hiermit erkläre ich meinen Austritt aus der Akademie.«[16]

»Erhobenen Hauptes«[17] verließ sie die Akademie. Sie zog aus, ihr Bruder, der Schriftsteller Rudolf Huch, zog ein. Ein großer Abgang, aber hatte sie über die Folgen nachgedacht?

Über die Tatsache, daß Ricarda Huch aus der Akademie ausgetreten war – in der Presse kein Wort. Vielmehr mußte sie feststellen, daß sie in den Tageszeitungen nach wie vor unter den »gebliebenen Mitgliedern« erschien. Ricarda Huch sah sich gezwungen, gegen die Falschmeldung zu protestieren, doch man ignorierte auch das. Schließlich bat sie um eine Korrektur in der *Frankfurter Zeitung*, die endlich erschien, doch mehr als einen Satz war die Haltung Ricarda Huchs der Zeitung nicht wert: »Vor der Entscheidung ist die verehrungswürdige Ricarda Huch schon Anfang April ausgetreten.«[18]

Trotz ihrer Widerständigkeit gegen das Regime überlegte sie kein einziges Mal zu emigrieren und steckte somit notgedrungen in einer gewissen Ambivalenz, die sich fortan durch ihr weiteres Leben zog. Warum fand sie sich damit ab? War es Ausdruck einer tief in ihrem Wesen verwurzelten Ambivalenz? Ja, warum blieb sie »am Platze«? Was hielt sie an Deutschland? Waren es die deutsche Sprache und das Deutschtum per se? Ihr Traum vom deutschen Reich?

Mit dem Jahr 1933 begann für Ricarda Huch die Zeit der »inneren Emigration«. Seit sie 1932 mit Tochter und Enkel von Berlin nach Heidelberg gezogen war, während sich ihr Schwiegersohn in Freiburg habilitierte und nichts verdiente, mußte sie mitsamt ihrer Familie vom Schreiben leben. So versuchte sie, keine allzu großen Kompromisse mit dem Naziregime zu schließen und nicht in eine moralische Schieflage zu geraten.

Außerdem war sie alt, wo sollte sie hin? Ihr blieben nur die Familie und die Freunde, die Deutschland noch nicht verlassen hatten. Doch auch den emigrierten Freunden hielt Ricarda Huch die Treue. Sie forschte zum Beispiel nach dem 1933 nach Paris emigrierten Schriftsteller und Neurologen Alfred Döblin. »Im Sommer war ich in Berlin und fragte nach Ihnen, konnte aber Ihre Spur nicht finden. Sollten Sie in Palästina sein? Wenn ich ein Jude wäre, ginge ich hin, vielleicht sogar, wenn ich nur jung wäre, auch ohne Jude zu sein …« Sie setzte noch hinzu: »Ich beneide Sie darum, daß Sie draußen sind.«[19] Alfred Döblin schrieb denn auch nach dem Zweiten Weltkrieg an Walter von Molo: »Eine einzige Stimme tönte aus Ihrem Kreis noch zu mir herüber: die Stimme von Ricarda Huch, einer herrlichen Frau, Sie wissen es selbst, Molo, mit Kraft, Geist und Mut, ›Ihr werdet niemals ihresgleichen sehen‹«, und »Mut war ihr selbstverständlich«, heißt es weiter. »Sie war … viel zu stolz, um nicht mutig zu sein.«[20]

3
»Meine Bücher werden immer weniger gelesen«

Ricarda Huch mit ihrer Schweizer Studienfreundin
Marie Baum und dem Verleger des Insel Verlags,
Anton Kippenberg, 1934

Marschmusik untermalte das Prasseln des Feuers, als am 10. Mai 1933 die Bücher von Heinrich und Thomas Mann, Anna Seghers, Kurt Tucholsky, Carl von Ossietzky und vielen anderen der Bücherverbrennung zum Opfer fielen. Damit war die Jagd auf regimefeindliche Autorinnen und Autoren eröffnet.

Bereits in den Jahren zuvor gab es für die Schriftstellerin Ricarda Huch wenig Grund zu Optimismus. Die Resignation Ende der 1920er Jahre, als während der wirtschaftlichen Depression der Absatz ihrer Bücher zurückging, ist spürbar in den Briefen, die sie an die Rezensentin Magda Janssen nach München schrieb: »In bezug auf Literatur und Bücher ist der Umschwung außerordentlich. Man hat jetzt förmlich eine Abneigung gegen alles Ältere, was ich auch sehr spüre. Bis jetzt habe ich noch so viel verdient wie ich brauchte, aber es nimmt eher ab als zu. So geht es allen älteren – die wenigen ausgenommen, die nun einmal Lieblinge des Publikums sind.«[21] Sie war »manchmal sehr gedrückt; meine Bücher werden immer weniger gelesen, und meine Leistungsfähigkeit ist wohl noch ziemlich auf der Höhe, aber doch nicht mehr ganz so. Sollte sie einmal merklich abnehmen – ich wage nicht daran zu denken, denn mein Vermögen habe ich natürlich ganz verloren.«[22]

Ricarda Huch hatte ihr ganzes Geld durch die Inflation verloren und konnte sich der Angst vor der Zukunft nicht entziehen: »… ich besitze nichts, absolut nichts, und verdiene mit Ach und Krach gerade so viel, daß ich leben und Busi [d.i. Marietta Böhm] so viel wie nötig helfen kann. Ich glaub, es sind jetzt nur sehr wenige, die sich gut stehen, und die stehen sich dann sehr gut, wie Thomas Mann, Stefan Zweig und die Verfasser von Kriegsbüchern, Vicki Baum usw.«[23]

Ihr Austritt aus der Akademie war ein Abschied von einer Welt, in der sie hochgeschätzt und verehrt wurde, einer Welt öffentlicher Ehrungen und Publizität. Der NS-Staat rächte sich, man rückte von ihr ab, was eine erhebliche Minderung an Öffentlichkeit und Einkünften bedeutete. Das Miteinander-Reden, das gerade in jenen Zeiten so wichtig war, der leidenschaftliche Disput, das Knüpfen neuer Kontakte wurden ihr zunehmend unmöglich gemacht, das Netz von Freunden wurde von Staats wegen gewaltsam zerrissen. Der intellektuelle Austausch brach ab, viele der ihr Nahestehenden waren emigriert. Ihr stilvoll ausgeklügeltes Leben war bedroht.

Seitdem wußte sie, was es heißt, sich schreibend zu keiner gesellschaftlichen Gruppe, einzig zur geistigen Landschaft Deutschlands zugehörig zu fühlen. Als literarische Einzelgängerin auszuharren, zu bleiben, zu beobachten und zu verarbeiten, was geschah und was sie erlebte, und sich schreibend zurückzuziehen, ohne daß ihr jemand von außen Stärkung und Ermunterung, gar Beifall zollen konnte. Und doch nicht völlig darauf zu verzichten, sich mit ihrem Widerspruch bemerkbar zu machen.

Besprechungen blieben aus. Schreiben wurde gefährlich, wurde zum Drahtseilakt. Doch wie zurechtkommen unter einem Regime, das sie als unter ihrem Niveau empfand? Ja, was geschah mit der Schriftstellerin Ricarda Huch in den Jahren ab 1933?

Im Fragebogen der Reichsschrifttumskammer gab Ricarda Huch 1934 als Haupttätigkeit »Geschichtsschreibung« an. Aus der Schrifttumskammer auszutreten war zu riskant, es konnte ein Schreibverbot zur Folge haben. Sie war nicht frei genug, um nicht ab und zu Kompromisse einzugehen, doch sie verbot es sich aufzugeben.

Sie hatte eine zu hohe Meinung vom Schreiben. Sie – dem Gleichschritt applaudieren? Der Farbe Braun huldigen? Aus der Bahn geworfen, mußte sie sich einen neuen Sinn suchen. Am deutschesten verhielt sich – das war ihre Meinung –, wer seinem Land gründlich die Leviten las, ihre Art des politischen Schreibens.

Es entsprach Ricarda Huchs kämpferischem Charakter, angesichts zunehmender Schwierigkeiten in Aufbruchstimmung zu geraten. Trotz finanzieller Not verlor sie nicht ihre Heiterkeit und kultivierte die aristokratische Haltung der Contenance, keine Spur von verbrauchter Kraft. Ihr ausgeprägtes Unabhängigkeitsempfinden und ein fast dünkelhaftes Lebensgefühl mündeten ein in eine tiefe Verachtung der neuen Machthaber, die ihr half, nach ihren Vorstellungen zu überleben. Sie reagierte hellsichtig und realitätsfremd zugleich. Aber sie besaß eine starke Identität und wehrte sich ihrer Haut mit einem verschärften Stolz, voll Eigensinn, ohne ernsthaft zu erwägen, Deutschland zu verlassen.

Zunächst sah es so aus, als habe man nicht vor, sie zu blockieren. 1933/1934 wurde ihr dreibändiges Werk *Im alten Reich. Lebensbilder deutscher Städte*, zuerst 1927/1928 erschienen, neu aufgelegt, historische Bilder von sechsundsechzig deutschen Städten, den Mosaiksteinen des alten Reichs – ein Buch, das in Sujet, Ton und Wortschatz voll ins neuentdeckte deutsche

Heimatherz traf. Mit der Auflage und den lobenden Pressestimmen konnte sie zufrieden sein. Auch wäre sie nicht Ricarda Huch, hätte sie nicht Städtebilder in Literatur verwandelt. Auslöser für dieses Buch war wie bei all ihren früheren historischen Werken die Liebe zur Vergangenheit gewesen, wie sie im Vorwort gestand, doch: »Man braucht nicht ohne Sinn für die Gegenwart zu sein, wenn man die Vergangenheit und ihre Werke schätzt.«[24] Sätze, in denen bereits ihr Nachdenken über Gegenwart und Vergangenheit sichtbar wird.

Schon 1930 war ihr Buch *Alte und neue Götter* über *Die Revolution des neunzehnten Jahrhunderts in Deutschland* erschienen, dessen Titel später in *1848* geändert wurde und in dem sie die Schicksale mutiger Patrioten wie Ernst Moritz Arndt, Ferdinand Freiligrath oder Hoffmann von Fallersleben nachgezeichnet hat. Der Fundus, mit dem sie immer gearbeitet hatte, ihre Anima, war ihr früh geweckter Sinn für Rebellentum. Den mobilisierte sie jetzt zur rechten Zeit und schrieb ein Buch über die Revolution von 1848.

»Ich war ein geborener Protestant«, hat sie sich nicht ohne Selbstliebe in ihren *Jugenderinnerungen,* 1921 für ihre Tochter verfaßt, beschrieben, »mit einer Vorliebe für Revolutionen und Rebellionen … Das Wort Freiheit öffnete mein Herz.« Diese anarchistische Ader leitete sie seit ihren Kindertagen, als sie emphatisch das Wort »Rebell, Rebell« vor sich hin gemurmelt hatte, ohne zu wissen, daß sie damit ihrer inneren Reizbarkeit und ihrer stolzen, fast religiösen Widerständigkeit einen Namen gab. »Überhaupt hatte ich eine unwillkürliche Neigung zum Revolutionären. Das Legitime war mir verdächtig, das Wort Freiheit und Rebell hatten einen wundervoll drommetenhaft erschütternden Klang für mein Ohr.«[25] Das Buch *Alte und neue Götter* endet mit bitteren Tönen:

»Nach 1870 würde es im Auslande ... niemandem mehr eingefallen sein, die Deutschen als die Träger des Freiheitsgedankens zu bezeichnen, und nicht einmal sie selbst wollen es mehr sein. Sie wollten nicht das Volk der Dichter und Denker noch die Schwärmer für Freiheit und Recht mehr heißen, sie wollten Macht haben und Macht als Prinzip bekennen.«[26] Es war die wiederholte Beschwörung der alten Kultur und ihrer unverminderten Liebe zum Reich – immer einig, immer deutsch –, die nie aus dem Herzen der konservativen Schriftstellerin verschwand und von der sie bis zuletzt nicht ablassen würde. Historie als eine Art Schlüsselroman? Ein Mittel, um aus vergangenen Revolutionen Gesetz und Maß ins Gegenwärtige herüberzuretten?

Die ersten zwei Jahre des neuen Regimes suchte Ricarda Huch die Nähe ihrer Freundin, der Pädagogin Marie Baum, Dozentin für soziale Fragen an der Universität in Heidelberg. Sie war mit ihrer Tochter und dem Enkel zu ihr gezogen. Großartige Einkünfte hatte sie in diesen Jahren nicht, und ihre Situation blieb angespannt. Da zeigte sich eine Rettung in Gestalt des Verlegers Martin Hürlimann, Leiter des Atlantis Verlags in Berlin und Zürich, eines promovierten Historikers. Er bot ihr jährliche Vorauszahlungen an, woran er sich auch in wirtschaftlich schwierigen Zeiten hielt, und Ricarda Huch begann auf seine Anregung hin mit der Arbeit an ihrem größten Werk, der *Deutschen Geschichte*. Der erste Band *Römisches Reich Deutscher Nation* erschien 1934, der zweite, *Das Zeitalter der Glaubensspaltung*, 1936, der dritte Band vom *Untergang des Römischen Reiches Deutscher Nation* postum 1949.

Deutsche Geschichte – geschrieben in den Jahren der NS-Herrschaft. Ein deutsch-nationales Buch? Natürlich nicht. Ihr ging es um die »Rettung« ihrer geistigen Heimat, ihrer Idee vom Deutschtum, für die sie mit ihrer Person haftete. Die *Deutsche Geschichte* diente auch der Heilung des zurückgewiesenen Ichs, eine Art Beschwörung. Wie sie darauf bestand, glich sie beinahe einem Staatsmann in der Rolle des weiblichen Praeceptor Germaniae. Nicht Hitler, sie allein wußte, was deutsch war. Und so beginnt ihr Werk in elegischem Ton: »Das Römische Weltreich liegt in Trümmern, aber es ist nicht tot. Es lebt ein gesteigertes Leben, seit es nicht mehr Wirklichkeit ist; denn es ist Idee geworden. Einem Liede gleicht es, das in das Ohr eines Schlafenden dringt und ihm wunderbare Träume erzeugt ... Es hob das Herz wie ein Schlachtgesang, strahlend von Majestät und Triumph, es durchbohrte das Herz mit feierlicher Trauer wie ein Choral.«[27]

Literarische Geschichtsschreibung von den Karolingern bis zur Abdankung Franz II., durchglüht von ihrer »Reichsidee«, dem längst untergegangenen Traum von einem föderalistischen und doch kosmopolitischen Deutschen Reich. Das Reich – eine Fiktion. Denn nie hatte es dieses Reich wirklich gegeben. Sie hätte weniger rückwärtsgewandt sein müssen, um damit dem Dritten Reich einen Spiegel vorhalten zu können. Dennoch setzte sie mit ihren Geschichten über das große Sterben des Reiches der Ideologie der Nationalsozialisten andere Grundwerte und Grundorientierungen entgegen, an die anzuknüpfen sei: Selbstverwaltung statt Staatsvergötzung, Genossenschaften statt Verstaatlichung, Freiheit und soziale Verantwortung statt Staatsallmacht – das war ihre Vision.

Streckenweise ist Ricarda Huchs *Römisches Reich Deutscher Nation* ein überraschend gut lesbares Buch, dann wieder irritiert ein Unterton, der Assoziationen an das Pathos der Nazis weckt. Andererseits: Während das Naziregime Boykottaufrufe erließ, Juden drangsalierte und später ermordete, schrieb Ricarda Huch Sätze wie diesen: »Die Judenverfolgungen des 14. Jahrhunderts wühlten auf, was an bestialischen Trieben in den Untiefen des deutschen Volkes sich verbarg, und offenbarten den Heroismus, dessen Juden fähig waren.«[28]

Mit dem Judentum hatte sich Ricarda Huch wiederholt befaßt. Bereits 1914 hatte sie in der Zeitschrift *Das jüdische Echo* auf eine Umfrage, ob der Zionismus »uns in schroffen Gegensatz zu unseren christlichen deutschen Mitbürgern bringen müßte«, geantwortet, daß sie »den Zionismus für eine der großartigsten Bewegungen unserer Zeit« halte.[29] Im Mai 1930 unterzeichnete sie ein »Mahnwort« gegen den Antisemitismus, das auf Seite 1 der *Abwehr-Blätter* erschien, zusammen mit Thomas Mann, Oskar Maria Graf, Max Halbe, Waldemar Bonsels, Isolde Kurz und Wilhelm Hausenstein, die, »gerade als Deutsche und Christen«, ihre Mitbürger »zu ernster Besinnlichkeit gegenüber dem zügellosen Judenhaß« ermahnten und auf die »Pflicht zu Wahrhaftigkeit und Gerechtigkeit, zu religiöser und sozialer Ethik, mit der die Betätigung des Judenhasses unvereinbar« sei, hinwiesen.[30] Und am 30. März 1933 schrieb sie an Marie Baum: »Mich drückt es, daß man sich nicht öffentlich gegen die Boykott-Erklärung wendet. Ich meine, daß man erklärt, an der barbarischen Gesinnung, die daraus spricht, keinen Anteil zu haben.«[31]

Die Reaktion des Regimes auf Band I ihrer *Deutschen Geschichte* ließ nicht lange auf sich warten. 1935 war in den *Nationalsozialistischen Monatsheften* in einer Rezension des NSDAP-Mitglieds Anne Marie Koeppen, Hauptschriftleiterin der Zeitschrift *Die deutsche Frau,* zu lesen: »Diese Ricarda Huch hat … ein Buch herausgegeben, gegen das sich jeder freiheit- und ehrliebende Deutsche mit leidenschaftlicher Empörung zur Wehr setzen muß.« Ihr besonderes Augenmerk galt den beiden Kapiteln über die Juden im Mittelalter: »Wahrlich, das ›auserwählte Volk‹ kann sich keinen beredteren Anwalt wünschen, als diese Frau es ist. Alle ihre große Kunst bietet sie auf, um diese Vorzüge und edlen Eigenschaften der Kinder Israels zu schildern.« Koeppen kam zu dem Resultat: »Im Deutschland Adolf Hitlers ist für Magierinnen dieser Art heute kein Platz mehr.«[32]

Das Wort »Magierin« war nicht zufällig gewählt, es war Teil politischer Hetze. In einem größenwahnsinnigen Deutschland kultureller Barbarei verwies Koeppen Ricarda Huch mit ihrem traditionellen Kulturanspruch in ein mystisches Reich, das Reich der Orakel und Zauberei und depravierte ihre Gegnerschaft zum Auswuchs primitiv-dämonischer Kräfte.

Ricarda Huch wußte, was diese Drohung bedeutete, wie sie sich auch keine Illusionen darüber machte, daß es für jeden anderen, weniger prominent als sie, noch riskanter war, sich als politischer Gegner zu definieren. Weder Verlag noch Autorin gaben jedoch das Vorhaben der *Deutschen Geschichte* auf, obwohl sich der erste Band schlecht verkaufte. Die Drohung der NS-Rezensentin Anne Marie Koeppen, in Deutschland sei für »Magierinnen« wie Ricarda Huch kein Platz, blieb allerdings nicht ohne Wirkung auf die Autorin. Seitdem hatte sie die Schere im Kopf. Sie hatte bereits am 4. Februar 1934 in einem Brief an Golo Mann festgestellt, daß sie ihm gern einen längeren Brief schriebe, »wenn nicht die Vorstellung eines schielenden oder triefenden Auges, das unberufen diese Zeilen lesen könnte, meine Feder borstig machte«[33]. Briefeschreiben wurde in den kommenden Jahren immer gefährlicher, doch meistens hat sich Ricarda Huch herausfordernd und ironisch darüber hinweggesetzt.

Dennoch verfolgte sie ihren Plan weiter: Sie schrieb den zweiten Band *Das Zeitalter der Glaubensspaltung* zu Ende, machte jedoch einige Zugeständnisse, um die Publikation nicht zu behindern. So änderte sie in vorauseilendem Gehorsam »bedenkliche Stellen« und schrieb am 20. Juli 1937 an Martin Hürlimann: »Eine Stelle, die mir bedenklich vorkam, habe ich nun so geändert, daß sie mir annehmbar erscheint ... Hier hörte ich von einem neuen Zensurgesetz, das mich sehr besorgt macht; überhaupt läßt das Vorgehen in der bildenden Kunst auf Schlimmes auch für die Literatur schließen. Was nun die Stelle Luther und die Juden betrifft, so glaube ich, daß das als schlichte Darstellung von Tatsachen unanstößig ist.« Sie vertraute darauf, daß er sich das ganze Buch noch einmal »auf gefährliche Stellen« ansehen und ihr seine Ansicht mitteilen werde. »... ich will dann gern alles tun, um dem Buch die Steine aus dem Wege zu räumen. Vielleicht, so denke ich, kommt es gar nicht so sehr auf das einzelne an als auf das Ganze, ob man das passieren lassen will oder nicht.«[34]

Da sie in ihren Briefen nie klagte, wissen wir nicht, wie sie sich mit dieser demütigenden Rolle zurechtfand. Doch ist anzunehmen, daß diese stolze Frau, die zusammen mit ihrer Familie allein von ihren Honoraren lebte, es als beklemmend empfand, solche Zugeständnisse an die Zensur machen zu müssen. Sie und ihr Wahrheitsempfinden gerieten in eine Schieflage. Ihr Leben als stilvolle Ikone der Lauterkeit war bedroht.

Der neue Band wurde zwar von den Zensurbehörden argwöhnisch betrachtet, aber – das war ihr Triumph – sie hatte ihn durchgebracht, hatte den Staat noch einmal überlistet. Der junge Golo Mann rühmte das Werk in der von Thomas Mann und Konrad Falke herausgegebenen Exilzeitschrift *Maß und Wert*: »Ricarda Huch verhimmelt nicht, entlarvt nicht, klagt auch nicht an: sie ist gerecht.«[35]

Lange Zeit zögerte sie, den dritten Band zu schreiben, und vermutlich nicht nur,»weil es mir widerstrebt, immer mehr Schulden bei Dr. Hürlimann aufzuhäufen, – ich nenne es Schulden, eigentlich sind es ja keine, sondern sein Verlust, – und doch sind natürlicherweise meine Gedanken bei dem dritten Bande ...«[36], sondern auch, weil ihr biographischer Roman *Michael Bakunin und die Anarchie* in einem von der Bayerischen Politischen Polizei herausgegebenen *Verzeichnis der polizeilich beschlagnahmten und eingezogenen, sowie der für Leihbüchereien verbotenen Druckschriften* angezeigt wurde.

»Das Zeitalter des Absolutismus« bringe, so schrieb Ricarda Huch 1939 an Martin Hürlimann,»manche Analogien zur heutigen Zeit, die sich geltend machen«. Sie sorge sich deshalb sehr:»Sollte das Buch verboten werden, so wäre das für Sie sehr unangenehm, für mich aber noch viel schlimmer.«[37]

Zudem galt im NS-Staat die Losung:»Nur Tatsachen, keine Wertungen. Du kannst Dir denken«, äußerte sie Marie Baum 1941 gegenüber,»wie fade das Buch dadurch wird und was für eine verhaßte Arbeit es mir ist, die Wertungen auszumerzen. Außerdem ist das natürlich keine Garantie, daß es nicht verboten wird, denn die Gesinnung im ganzen ist ja doch offenbar.«[38] Aber das Schreiben an der *Deutschen Geschichte* entschädigte sie für vieles. Wieder war ihre geliebte Reichsidee ihr Schutzschild, mit dem sie sich kühn den neuen»Reichsgründern« gegenüberstellte. Schließlich gab es für sie ganz andere Traditionslinien, die man für das Land hätte beleben können. Nur sie wußte um die wahren Zusammenhänge der Geschichte, die sie sich schließlich erarbeitet hatte.

Jemandem wie ihr, die nicht bereit war, dem neuen Regime

zu Diensten zu sein, wurde es mit der Zeit immer schwerer gemacht zu publizieren. 1941 saß die sonst so flinke Schreiberin noch an den Fahnen des dritten Bandes, abgeschlossen hat sie das Buch im März. Der Band konnte dann vor der Zensur des Propagandaministeriums nicht bestehen, und sein Erscheinen wurde unterbunden. Eine Niederlage oder ein Sieg? Eher ein Sieg. Ihre Wahrheit lag in ihren schönen verschlungenen Sätzen, in ihrer Poesie. Dort erklang ihre Widerständigkeit. Dort lag der Schlüssel. Sie schrieb so großartig und abgehoben, daß die Zensoren sie nicht verstanden. Die wußten nur: Irgendwie geht es um *humanitas* im Sinne von Goethe, doch daran wollte man lieber nicht rühren. Durfte sie nicht auch damit rechnen, daß die braven Zensoren sich kaum die Mühe machten, ihr feingliedriges Satzgeschlinge zu entwirren? Wie auch immer: Sie war ihnen geistig meilenweit voraus, weil sie die Freiheit hochhielt in ihrer *Deutschen Geschichte*. Ihr Schreiben war ihr Handeln. Das war der rote Faden, der sich durch ihre Werke zieht.

Die Zeiten wurden härter. Der NS-Terror machte deutlich, daß man sich nicht mehr auf das Recht berufen konnte, ein Schock und eine Katastrophe für Ricarda Huch, für die der Staat in erster Linie Träger des Rechts war. Die von den Nazis als »politisch unzuverlässig« eingestufte Schriftstellerin war immer isolierter und finanziell in einer ausweglosen Lage. Ihre Sorge, nichts publizieren zu können, war im Laufe der Jahre bei einem Buchhandel, der »sofort zurückhaltend« wurde, »wenn mein Name genannt«[39] wird, noch gewachsen. Bis 1937 waren ihre Bücher noch in den Schaufenstern der Buchhandlungen zu sehen, doch nach und nach wurde das Angebot deutscher Autoren ausgedünnt. Das »mangelnde Interesse des

Publikums« hatte für sie »etwas Abschreckendes ... es ist einfach das Interesse, das fehlt, und andererseits das Mißtrauen, das mein Name erweckt.«[40]

Ricarda Huch bildete damit keine Ausnahme, anderen Schriftstellern ging es ebenso. Doch eine Autorin mit ihren Idealen, deren Werk an ein schwindendes Bildungsbürgertum appellierte, hatte es doppelt schwer. Trotzig maß sie sich mit dem Zensursystem und gab ihre Contenance nicht auf.

Ende Dezember 1937 sah sich Ricarda Huch gezwungen, an Anton Kippenberg, den Leiter des Insel Verlages, einen Bittbrief zu schreiben: »Eigentlich wollte ich Sie fragen, ob ich nicht mal wieder etwas für den Insel-Verlag schreiben sollte; aber es kommt mir zum Bewußtsein, daß ich jetzt nur eine Last für jeden Verlag bin, da ich, obwohl in der Schrifttumskammer, aus den Reihen der Wohlgelittenen gestrichen bin, die Buchhändler meine Bücher nicht gern auslegen, und das Publikum sie nicht gern kauft.« Sie fügte hinzu: »Ja, wenn irgend möglich, möchte ich mich doch nicht so ganz verdrängen lassen und poche auf mein Dasein, obwohl ich nach modernen Grundsätzen eigentlich gar nicht mehr da sein dürfte ...«[41]

In den Jahren 1937 bis 1944 druckte der Insel Verlag hauptsächlich Neuauflagen früherer Werke, in Zeitschriften erschienen fast nur Nachdrucke. 1944 veröffentlichte Kippenberg *Herbstfeuer*, eine Sammlung von hauptsächlich nach 1930 entstandenen Gedichten, über die Thomas Mann am 30. August 1952 in seinem Tagebuch notierte: »Tief beeindruckt dieser Tage von einem Gedicht der Ricarda Huch aus letzter Zeit: ›Tief in den Himmel verklingt‹ – ›Geh schlafen, mein Herz, es ist Zeit! Kühl weht die Ewigkeit.‹«[42]

1939 wurde Ricarda Huchs 1927 veröffentlichter Kriminalroman *Der Fall Deruga* verfilmt – ein Zugeständnis an den bitter notwendigen Gelderwerb. Goebbels nannte ihn in seinem Tagebuch einen »spannenden Gerichtsfilm«[43]. Ihre Art der historischen Geschichtsschreibung ließ Ricarda Huch von Nutzen sein, zudem hatte sie im Ausland einen guten Namen. So mußte sie den langen Arm des Regimes noch einmal verspüren, als 1940 die Reichsschrifttumskammer demonstrierte, daß sich der NS-Staat ihr durchaus verpflichtet fühlte. Der Generalsekretär der Deutschen Schillerstiftung in Weimar, Heinrich Lilienfein, hatte von der Kammer den Hinweis bekommen, daß es Ricarda Huch alles andere als gut ginge, man forderte Lilienfein auf zu helfen.

Kurz darauf erhielt sie einen Brief, in dem es hieß: »Erlauben Sie mir die vertrauliche Anfrage, ob Ihnen eine Ehrengabe der Deutschen Schillerstiftung notwendig und willkommen wäre. Nehmen Sie bitte diese Anfrage in derselben Gesinnung auf, in der ich sie an Sie richte … Heil Hitler!«[44]

Sofort griff Ricarda Huch, hell entsetzt und in ihrem Stolz tief verletzt, zu ihrer Feder, der Boersenzack: »Nennen Sie eine wirtschaftliche Lage unbefriedigend, wenn man kein Vermögen und keine Altersversicherung hat, so befinde ich mich in einer solchen; da ich aber noch durchaus arbeitsfähig bin und genügend verdiene, so habe ich keinen Anlaß zu klagen und bedarf ich keiner Unterstützung.«[45]

Ein Dokument ihrer Unabhängigkeit. Sie setzte alles daran, das System zu brüskieren. Sie wollte nicht, daß diese Leute sich um sie kümmerten. Dennoch verloren die Machthaber sie nicht aus den Augen und trugen ihr wiederholt die Hilfe des Staates an. Die Beschützergefühle scheinen verschiedene Ursachen gehabt zu haben. Zum einen waren den führenden Nazis die Werke dieses »weiblichen Goethe«, die schon im

Bücherschrank ihrer Eltern standen, nicht unbekannt. Zum anderen war Ricarda Huchs Kunst in den Augen der Nationalsozialisten – bis auf ein paar prosemitische Entgleisungen – sauber und geistvoll. Da mußte es doch zu schaffen sein, sie zu vereinnahmen. Schließlich war sie ja durch und durch deutsch, wie sie stets betonte, womit sie sogar im Prinzip recht hatten. Die Vertreter des NS-Staates gaben nicht auf.

Doch zuvor geriet Ricarda Huch in eine höchst bedrohliche Lage.

4
»Der Himmel ist grau«

Ricarda Huch, 1942

Drei Jahre nach ihrem Austritt aus der Akademie zog Ricarda Huch im Herbst 1936 zusammen mit ihrer Tochter Marietta, ihrem Schwiegersohn, dem Juristen Franz Böhm, und dem siebenjährigen Enkel Alexander, genannt Kander, nach Jena, mit zweiundsiebzig Jahren. Hinter ihr lag ein Menschenalter, die Erfahrung eines reichen Lebens. Aber auch die Zeit eines erbitterten Kampfes um ihre schriftstellerische Existenz.

Die bisherigen Stationen waren auf ihrem Lebensweg nur Durchgangsstationen. Mit dem Umzug nach Jena fand ihr Wanderleben ein Ende. Das Aufbrechen-Können, auch wenn es schwerfällt, nach Hannah Arendt »die ursprünglichste Gebärde des Frei-seins«, in ihrem Leben wiederholt geübt, mündete in diesen Ort. Erst kurz vor ihrem Tod, 1947, mit dreiundachtzig Jahren, sollte sie noch einmal einen Aufbruch wagen.

Der insgesamt elfjährige Aufenthalt in Jena hat Ricarda Huchs Leben eng mit der kleinen Universitätsstadt an der Saale verbunden. Ihr Schwiegersohn Franz Böhm, der eine wichtige Rolle in Ricarda Huchs letztem Lebensjahrzehnt spielte und auf seine unbeugsame und unabhängige Art heftig mit ihr diskutierte, erhielt im Frühjahr 1936 einen Lehrauftrag an der juristischen Fakultät Jena. Böhm gehörte dem »Freiburger Kreis« an, einer Gruppe von marktliberalen Wirtschaftswissenschaftlern wie Professor Walter Eucken und evangelischen und katholischen Christen wie dem Historiker Gerhard Ritter.

Ricarda Huch mochte Franz Böhm, eine trotz aller Radikalität liebenswürdige, gewinnende Persönlichkeit mit warmen braunen Augen, der mit seinem ungewöhnlichen Argumentationsstil Aufsehen erregte. In einem Land der totalitären Gleichschaltung und Geringschätzung jeglicher Individualität waren seine demokratische Einstellung und nicht zuletzt seine christliche Gesinnung nicht gern gesehen. Bereits in Freiburg hatte man an der Universität gegen ihn intrigiert, selbst Morddrohungen und Angriffen faschistischer Studenten sah er sich ausgesetzt.

»Du kannst Dir denken«, hatte Ricarda Huch aus Freiburg an Marie Baum geschrieben, »daß Franz immer der vorderste war, überhaupt ohne Franz hätte gewiß die juristische und volkswirtschaftliche Fakultät hier nicht die Unabhängigkeit bekommen, die sie jetzt hat …«[46] Sie schätzte Böhms politische Hellsichtigkeit, beide ergänzten sich in ihren Kenntnissen der Zeitgeschichte, Politik und Jurisprudenz.

Der Abschied von Freiburg und von ihren nahen Schweizer Freunden fiel Ricarda Huch schwer, doch eine Trennung von ihrer Familie wäre ihr noch schwerer gefallen, von ersten gesundheitlichen Einschränkungen, den Folgen eines Oberschenkelhalsbruches und beginnenden Sehstörungen durch den Grauen Star ganz abgesehen. Unbesorgt war sie nicht. Dennoch sah sie den Umzug als »etwas Erfreuliches, beinahe Notwendiges«[47] an. Es wurde jedoch eine schwere, ereignisreiche Zeit.

Dreimal zog Ricarda Huch mit ihrer Familie in Jena um. Zu Beginn wohnte sie im Forstweg 16. Am 26. September 1936 schrieb sie an ihre Freundin Marie Baum: »… die Wohnung ist nach heißem Bemühen sehr hübsch geworden, meine beiden Zimmer besonders. Kurz, ich bin sehr zufrieden mit Jena … Ich habe die letzte Woche auch wieder gearbeitet – es wurde mir recht schwer, denn das Räumen war vergnüglicher, wenn auch anstrengend. Ich wurde mir so recht bewußt, wie unnatürlich diese Existenz am Schreibtisch ist.«[48]

Als im September 1938 die Wohnung gekündigt wurde, zog sie zunächst in die beengte Pension »Westend« in der Sophienstraße, für ein Jahr, und am 1. September 1939, am Tag des Kriegsbeginns, bezog Ricarda Huch ihre letzte Wohn- und Arbeitsstätte am Oberen Philosophenweg 72 (heute Ricarda-Huch-Weg 26).

Nach der anfänglichen Zufriedenheit heißt es bald: »Jena ist im Winter eine harte Nuß. Die Sonne haben wir schon lange nicht mehr gesehen.«[49] Und: »Die Bevölkerung ist wenig erfreulich, obwohl mir auffällt, wie viel liebenswürdiger sie in den Geschäften sind als in Freiburg. Es sagt auch schon kein Mensch mehr ›Heil Hitler‹ zu uns in den Läden.«[50] Sie wagte ein unbotmäßiges Urteil: »Natürlich sind das geschätzte Volksgenossen; aber diese Schicht, sogenannte gehobene Arbeiter, bequeme Mittelmäßigkeit, sind nun einmal nicht angenehm.«[51]

Die Universität war ebenso braun gefärbt wie die Industrie. Mit »bewegten« Studenten hatte es nun Ricarda Huchs Schwiegersohn Franz Böhm an der Universität zu tun.

Ricarda Huch litt in den ersten Monaten in Jena unter dem Mangel an gesellschaftlichem Anschluß und geistigem Austausch, für sie eine Notwendigkeit. Um so mehr freute sie sich auf die Geselligkeit bei einem befreundeten Ehepaar. Sie, ihre

Tochter und ihr Schwiegersohn waren beim Nationalökonomen Walter Weddingen eingeladen, zusammen mit dem SS-Hauptsturmführer Richard Kolb, von dem sich Weddingen Einfluß auf Böhms berufliche Karriere erhoffte und der auch gleich auf Böhm sein besonderes Augenmerk richtete. Daß der ehemalige Artilleriehauptmann Blutordensträger, Militarist und Rassenfanatiker, 1923 am Hitlerputsch beteiligt gewesen und nun mit einem Lehrauftrag für »Wehrphilosophie« kaltgestellt worden war, wußten sie nicht. Und selbst wenn Kolb Franz Böhm zu einer endgültigen Berufung an der Universität hätte verhelfen können, an der Haltung beider hätte das nichts geändert. Es dauerte nicht mehr als eine Viertelstunde – schon kam es zum Eklat.

»Im Laufe des Gesprächs sagte unser Gastgeber«, erzählt Ricarda Huch in einem Brief an Marie Baum vom 30. Mai 1937, »die Juden könnten nicht organisch denken und wären nicht produktiv. Ich sagte, ich zweifelte, ob man das sagen könnte, es hätten in den letzten Jahren Juden verschiedentlich den Nobelpreis bekommen, Physiker, Chemiker; auf diesen Gebieten waren sie doch wohl produktiv gewesen. Ein Wort gab das andere, Franz stimmte mir zu, und zwar in der heftigen und aggressiven Weise, in die er so leicht verfällt. Herr X. wurde schärfer und schärfer und sagte zum Schlusse zu mir: ›Ich sehe, Sie sähen lieber das deutsche Volk vernichtet und die Juden herrschen‹ (oder so ähnlich). Ich sagte kalt: ›Ich habe die Deutschen sehr geliebt, bin allerdings sehr davon zurückgekommen, seit ich so viele Gemeinheit mitanzusehen habe.‹«[52]

Beispringen mußte Franz Böhm Ricarda Huch nicht, Kämpferin, die sie war, äußerte sie ihre Meinung ohne Furcht und parierte Angriffe auf ihre Person geschickt. Die berühmte Dichterin tat das mit ihrer zarten Stimme immer äußerst liebenswürdig und in wohlgesetzten Worten. Franz Böhm, der Polemiker, dagegen liebte den verbalen Kampf. Er schlug eine Bresche von der Verteidigung der Juden zum direkten Angriff auf die Judenpolitik des Hitlerstaats; die Sache schaukelte sich hoch. Ein Blick auf seine konsternierten Gastgeber ließ ihn schließlich verstummen, Ricarda Huch drängte zum Aufbruch. Mit solchen Leuten wollte sie nichts zu tun haben.»Natürlich hatten Franz und ich uns sehr aufgeregt, ich zitterte noch, als wir zuhause ankamen«, heißt es am Ende ihres Briefs an Marie Baum.

Wenig später kam ein Anruf vom Dekan der juristischen Fakultät. Kolb sei bereit, die Sache auf sich beruhen zu lassen, wenn Franz Böhm widerrufe und sich schriftlich von den Aussagen beider distanziere. Franz Böhm lehnte ab, woraufhin Kolb umgehend den für die Universitätsverwaltung zuständigen Ministerialrat Stier informierte:»Da Frau Huch eine hochbetagte Frau ist, scheidet es natürlich völlig aus, sie zur Rechenschaft ziehen zu wollen. Doch ist ein gesellschaftlicher Verkehr überzeugter Nationalsozialisten mit ihr unmöglich. Auch kann sie gerade in ihrem ehrwürdigen Alter im Kreise junger Ausländer dem Deutschtum schaden.« Er denunzierte jedoch Franz Böhm und kolportierte, Böhm habe gesagt, es »seien nicht die Juden am Zusammenbruch Deutschlands Schuld, sondern einzig und allein die Deutschen selbst, die sich höchst feige benommen hätten«. Böhm lasse »jedes Verständnis zur völkischen Frage wie zum Judenproblem vermissen« und »sei indessen gespannt, wer nach Ausschaltung der Juden der Sündenbock sei, wahrscheinlich die Rothaarigen«[53].

Erst einmal geschah monatelang nichts. Franz Böhm hielt

nach wie vor seine Vorlesungen, bekam im Wintersemester 1937/38 sogar einen weiteren Lehrauftrag an der Handelshochschule Leipzig.

Dennoch hatte der Abend plötzlich Folgen. Anfang 1938 strengte man ein Ermittlungsverfahren gegen Franz Böhm und Ricarda Huch an wegen des Verstoßes gegen das nationalsozialistische »Heimtückegesetz«, ein 1934 erlassenes Reichsgesetz »gegen heimtückische Angriffe auf Staat und Partei und zum Schutz der Parteiuniform«, um Andersdenkende zu terrorisieren.

Ricarda Huch war gerade dabei gewesen, sich eine neue Lebenswelt in Jena zu schaffen, nun wurde sie mitsamt ihrer Familie zum zweiten Mal massiv mit dem nationalsozialistischen System konfrontiert: Die Erfahrungen von 1933 kehrten wieder, doch ungleich bedrohlicher. 1933 war noch, bei aller Gegnerschaft, eine Brieferfahrung gewesen. Nun aber rückte man ihr buchstäblich zu Leibe.

Ricarda Huch und Franz Böhm wurden im Januar stundenlang verhört, Marietta als Zeugin. Am 22. März 1938 wurde Böhm die Lehrerlaubnis entzogen. Daraufhin strengte der gewiefte Jurist, der durchaus wußte, wie weit er gehen konnte, mehrere Berufungsverfahren an. Schließlich wurde das Urteil auf Entlassung zwar aufgehoben, aber Böhm wurde gleichzeitig in den vorzeitigen Ruhestand versetzt.

Um zu verstehen, wie ungewöhnlich das weitere Vorgehen Franz Böhms in diesen Jahren war, muß man sich diejenigen in ähnlicher Position genauer anschauen, ihr Schwanken und Hinbiegen, ihr Ein-bißchen-Mitziehen, was die Analyse der NS-Vergangenheit so schwierig macht.

Für Franz Böhm waren die Erfahrungen mit der NS-Ideologie einschneidend und bestimmten sein künftiges Leben.

So wurde er aufgrund seines entschiedenen Vorgehens 1945 zusammen mit dem Historiker Gerhard Ritter und dem Wirtschaftswissenschaftler Walter Eucken und anderen aus dem Freiburger Kreis in den »Bereinigungsausschuß« der Universität Freiburg gewählt.

Für Ricarda Huch stellte sich die Situation anders dar. Die gesamte Existenz der Familie stand auf dem Spiel. Sie würden von ihren spärlichen Honoraren leben müssen. Bereits Ende 1937 hatte sie an Marie Baum geschrieben: »Mit seiner Laufbahn im Staatsdienst wird es nun wohl aus sein; aber ich denke, er findet schon sonst was, wo es ihm mit der Zeit viel wohler ist als unter diesen Umständen an der Universität. Es ist bisher immer gegangen, also wird es auch weitergehen, denke ich.«[54]

Wiederholt dachte Ricarda Huch daran, mit der Familie aus Jena fortzuziehen: »Da es mit Jena ebenfalls ein Ende hat«, schrieb sie am 29. Dezember 1937 an den befreundeten Verleger Anton Kippenberg, »steht uns momentan die ganze Welt offen. Ich denke, irgend etwas wird sich schon ergeben.«[55]

Aber ganz so sorglos war sie nicht.

Wie bei ihrem Austritt aus der Akademie nahm ihre Psyche auch die Kraftprobe mit dem diktatorischen System nicht unbeschadet hin. Auffallend war in jenen Tagen ihre wiederholte Beschäftigung mit dem Tod und dem Alter, das sonst für sie kaum ein Thema war: »Das Schicksal des Alters ist es, viele zu überleben; aber da man nie ein Gefühl seines Alters hat, kommt es einem doch unnatürlich vor, was man sich mit dem Verstande auch sagen mag ...« Und sie hatte, was sie zuvor nicht kannte, Probleme mit dem Schreiben: »Die Feder schreibt nicht, das Auge sieht nicht, der Himmel ist grau, die Stimmung ist trübe.«[56]

Nach außen blieb Ricarda Huch bei ihrer bewährten Contenance: Der Staatsanwalt, schrieb sie, mache ihr »mehr den Eindruck eines Gemüsehändlers«, überhaupt wurde ihr »das Ganze mehr und mehr komisch«, sie mußte sich bei ihrer Vernehmung »zusammennehmen, um die Leute nicht auszulachen«[57].

Im Januar 1939 wurde sie erneut und zum letzten Mal verhört, wobei man sie im unklaren darüber ließ, ob als Zeugin oder Beschuldigte. »Gestern war ich auf 12½ Uhr zur Vernehmung geladen«, schrieb sie am 14. Januar an Marie Baum. »Erst mußte ich 2 Stunden warten, nachher ließ man mich nur ganz wenig sprechen …« Sie mußte feststellen, daß eine Auseinandersetzung mit ihren Anklägern ohnedies sinnlos war: »Ich fing also an: Ich sagte, ›die Juden hätten auch gute Eigenschaften, was doch im allgemeinen niemand leugnen wird‹ – da unterbrach mich der Vorsitzende und sagte: ›Allerdings leugnen wir das. Juden haben keine guten Eigenschaften.‹ Er betonte das ausdrücklich zweimal und sagte, zwischen zwei so entgegengesetzten Weltanschauungen wäre keine Versöhnung möglich …«[58]

Das geheimstaatspolizeiliche Ermittlungsverfahren wurde schließlich kraft eines Amnestiegesetzes eingestellt. Möglicherweise zog dabei Reichsjustizminister Franz Gürtner im Hintergrund die Fäden. Als bayerischer Justizminister hatte er Ricarda Huch anläßlich der Feier ihres sechzigsten Geburtstags in München kennen- und schätzengelernt. Da der Vorgang jedoch heute nicht mehr nachzuvollziehen ist – die Akten sind nicht auffindbar –, kann man nur Fragen stellen: Hatte Gürtner Anklage erhoben, um der NS-»Gerechtigkeit« Genüge zu leisten? Hatte er sie dann sofort niederschlagen wollen, um die Sache aus der Welt zu schaffen? War es also ein rein taktisches Manöver?

Wie dem auch sei, sowohl Franz Böhm wie Ricarda Huch wiesen den Antrag auf Amnestie in einem energischen Schreiben zurück, wozu sie nach dem Gesetz berechtigt waren. Ihr Einspruch wurde jedoch im Frühjahr 1939 vom Sondergericht in Weimar abgelehnt.

Nach Kriegsende sah Franz Böhm im Jenenser Oberlandesgericht die Akten ein. Er entdeckte zwei Anträge, ihn in ein Konzentrationslager einzuweisen, unterzeichnet von Kolb.

Zwei Jahre des Lebens von Ricarda Huch waren über diesem Verfahren dahingegangen. Eine Zeit, die sie so schwer belastete, daß sie ihren Freund Heinrich Wölfflin in Zürich bat, falls dieser sie überleben würde, sich ihrer Tochter und ihres Enkels anzunehmen.

5
Oberer Philosophenweg 72

Ricarda Huch mit ihrer Tochter Marietta,
dem Enkel Alexander und dem Schwiegersohn
Franz Böhm, Jena, um 1943

An einem herrlichen Sommertag fahre ich nach Jena, um den Ort kennenzulernen, an dem Ricarda Huch ihr letztes Lebensjahrzehnt verbracht hat. Ich will meinen Dialog mit der Dichterin fortführen, will das Haus sehen, in das sie 1939 eingezogen ist, und Dorothea Dove treffen, die ihre letzte Arbeit, ihr *Gedenkbuch* über den Widerstand gegen Hitler, abgeschrieben hat. Ihren Lebensspuren mit Hilfe von Freunden zu folgen ist schwierig geworden, nur wenige können noch von ihr berichten, die meisten sind gestorben.

Ich nehme den steilen Ricarda-Huch-Weg, den früheren Philosophenweg, und stehe vor ihrem Haus, in das sie an dem Tag einzog, als Hitler seinen Krieg begann. Es ist einfach, fast häßlich, ein Hexenhaus, in jedem Fall weit entfernt von den geistgetränkten Büchern, die sie hier geschrieben hat. Spitzgiebelig, baufällig, schmutziggrau, der Verputz abgeblättert, ein schiefes, verwittertes Schild verkündet, daß Ricarda Huch hier gelebt hat. Das Haus, über das sie so glücklich war, weil es etwas Eigenes war.

Ich läute, läute abermals. Niemand da. Enttäuscht gehe ich weiter, blicke mich um. Kleine blühende Gärten, es duftet nach Rosen, die Luft ist klar.

Ich gehe den ansteigenden Ricarda-Huch-Weg weiter, bis sich zu meinen Füßen das Saaletal mit seinen Muschelkalkfelsen ausbreitet. Jenas Kulisse, Wälder, Täler, im Sonnenlicht gleißende Straßen. Ich mache kehrt, überquere unterhalb ihres Hauses, nachdem ich nochmals erfolglos geläutet habe, den Weg und betrete den historischen Johannesfriedhof, den sie oft besucht hat, um Ruhe und Klarheit zu gewinnen – ein sich auferlegtes Nachdenken über den Tod, jeden Morgen, intensiver noch, seit auch dort Bomben fielen.

Es bedarf nur weniger Schritte, schon bin ich an Caroline von Wolzogens Grab, Schillers Schwägerin, von der er nie ganz abließ, selbst dann nicht, als er mit ihrer Schwester verheiratet war. Dann eine Stippvisite bei Goethes und Schillers Leibarzt Christian Stark, für Ricarda Huch so etwas wie ein täglicher Arztbesuch, ein kleiner Gruß nach links, wo efeuumkränzt Johanna Schopenhauer ruht, die Mutter des Philosophen.

Jena, Geburtsstätte der Romantik und nicht zuletzt der Ort, an dem Goethe Ruhe für seine Arbeit fand. Mehrere Jahre, bereits um 1899, hat Ricarda Huch in ihrer Vorstellung in Jena verbracht, damals, als sie mit Ermanno Ceconi in Triest lebte und, die kleine Marietta im Kinderwagen, auf Bänken im Park ihr schönstes Buch, das Buch über *Die Romantik* schrieb, und ich stelle mir vor, wie sie später in Gedanken mit Novalis den Philosophenweg hinabspazierte, um sich über alte Wunderländer auszutauschen, oder mit Fichte und Tieck diskutierte, die sich über den Atheismusstreit in die Haare gerieten. Wie sie sich in ihrer Phantasie mit ganz Jena ins Theater aufmachte, um den ersten Teil von *Wallenstein, Die Piccolomini*, zu sehen, Schiller, dessen *Wilhelm Tell* in der Nazizeit an den Schulen verboten war. Von ihrem alten romantischen Jena, der Stadt, über die Gerhart Hauptmann schrieb, sie sei ein »mehr unter griechischer als unter deutscher Sonne liegender Ort«, hat sie damals in den 1930er und 1940er Jahren, als sie hier lebte, wenig gespürt.

Ich kehre zum Haus zurück. Ich will den Raum, wo sie sich schreibend und handelnd ein neues Geschichtsverständnis erschloß, unbedingt sehen. Ich läute, läute abermals, es bleibt still. Ich gehe durch das geöffnete Gatter, umrunde das Haus. An der Rückseite ein stiller, nicht sehr großer Garten, unkrautüberwuchert, mit einer niedrigen Mauer eingefaßt, ein paar verwilderte rosa Rosen, blaue Akelei. In diesem Garten und im Nachbarsgarten der Familie Dahlet hat Ricarda Huch am 18. Juli 1944 ihren achtzigsten Geburtstag gefeiert.

Die Terrassentür unter dem Balkon steht offen. Die Wände des Zimmers sind mit exotischen Schals und Wandteppichen behängt, auf der Couch schläft bei lauter Radiomusik ein halbnackter junger Mann, so tief, daß er mein Rufen nicht hört.

Ich gehe über die Wiese an der Terrasse vorbei, streiche mit der Hand über den Zweig des Lebensbaums, den Ricarda Huch liebte, bewundere den Blick auf den Jenzig, gehe auf die andere Seite, wo ich die Küche vermute, und blicke hinein. Niemand zu sehen. Rasch mache ich kehrt, gehe zur Eingangstür zurück, sie ist nur angelehnt, nach kurzem Zögern betrete ich auf Zehenspitzen das Haus. Alle Zimmertüren stehen offen, Licht brennt.

Da ist die Küche, ein nicht allzu großer, jetzt verwahrloster Raum. Hier war ihr Tisch, der als Schreibtisch diente, ans Fenster gerückt, ein kleiner Kohlenofen,vielleicht ist es noch derselbe, ein Stuhl, ein Bett, ein einfaches Holzregal. Ricarda Huchs Arbeitszimmer, das sie ihren »Wohnwagen« oder ihre »Baracke« nannte. Der einzige heizbare Raum, den sie sich in den Kriegswintern tagsüber teilen mußten. Bräunlicher Schimmel an der Decke. Ein vertrockneter Petersilientopf auf dem Fensterbrett.

Ich setze mich auf den wackligen Stuhl und vergegenwärtige mir die Zeit, die sie in diesem Haus erlebt hat, Zeiten der Unordnung, der Not und des Hungers, des Krieges und seiner Opfer, ihre geliebten Städte sanken in Schutt und Asche, schließlich die Besatzungszeit und die Zeit des politischen Neuanfangs. Hier hatte sich ihr historisches Interesse immer mehr auf die Gegenwart gerichtet, bis es in ihrer Arbeit über den Widerstand mündete. Eine Zeit, in der sich ihr tiefster Wunsch, oft beschworen, erfüllte: Sie hatte es geschafft, Hitler zu überleben.

Endlich ein gemeinsames Haus mit Garten, ein Luxus, den sie genoß: »Wir lieben unser neues Heim bereits, jetzt erst kommt uns zum Bewußtsein, wie schön es ist, zu Hause zu sein ... Weiter schreibe ich nichts. Was soll man auch?«[59] Diesen Brief schrieb Ricarda Huch einen Tag nach dem deutschen Überfall auf Polen. Der Zusammenhalt in der Familie gab ihr Stärke, Ricarda Huch lebte auf: »Ich bin nun schon in einem Alter, wo ich jeden Morgen mit dem Gefühl des Dankes erwache, daß ich noch da bin. Denn das Leben ist doch schön, solange man Menschen hat, die man liebt und die einen brauchen.«[60]

Immer wieder hatte sie sich in ihrem Leben von Menschen und Gegenden trennen müssen, wiederholte Umzüge, vierzehn an der Zahl: »Müßte man nur nicht immerzu Abschied nehmen!«[61]

Ein verwunschenes Haus, das ihr endlich Beständigkeit gab. Hier, in ihrem Balkonzimmer im ersten Stock, saß sie an ihrem Schreibtisch in ihrer mit persischem Muster überzogenen, an den Ärmeln abgeschabten Samtjacke und schrieb in ihren letzten Lebensjahren an ihrem Buch über den Widerstand. Hier hat sie in der Kriegszeit zurückgezogen gelebt, vor falschen Freunden abgeschirmt, von ihrem kleinen »Hofstaat« umgeben, der Familie, Dorothea Dove und Antje Lemke, die 1944 zu ihr zog, und sich selbst befragt, hat ihren Zugang zur Geschichte überprüft und eine immense Arbeit noch im hohen Alter geleistet.

Das Leben der Familie ordnete sich nach unruhigen Zeiten neu, man schien trotz Kriegsnot endlich zur Ruhe zu kommen. Ricarda Huch schaffte es, mit Neugierde, Energie, Zuwendung und der ihr eigenen Liebenswürdigkeit Anschluß zu finden, und nach und nach wurde ihr die Umgebung vertraut, sie begann, die Landschaft zu lieben.

Man muß die geistige Leistung bewundern, mit der sie sich immer wieder in ihrem Leben einen neuen Freundeskreis erwarb. Sie konnte ohne Freunde und das Gespräch nicht sein. An ihren Freundeskreisen kann man verfolgen, wie sie nicht müde wurde, ein Leben lang neue Beziehungen zu knüpfen, wie die Kreise durch die Zeitläufte auseinanderstoben, sich per Briefwechsel weiterentwickelten und wie sich wieder neue Konstellationen fügten, die sie bereicherten. In dieser unmenschlichen Welt waren loyale Freundschaften für sie neben der Familie der einzige Halt, die Zwiesprache ein Lebenselixier, das Gespräch mit Menschen, die die Literatur und die Geschichte liebten und die Politik aufmerksam verfolgten, eine Notwendigkeit: So gewann sie auch in Jena bald einen kleinen Kreis, der sich nach und nach erweiterte.

Einer dieser Freunde war der Studienrat Herbert Kühnert, der auf Postkarten jede Äußerung Ricardas, die er für wichtig hielt, niederschrieb: »Von ihren eigenen Dichtungen und wissenschaftlichen Arbeiten, die sämtlich in den frühen Morgenstunden entstanden sind, sprach sie immer nur wenig, ging dafür aber um so eifriger auf alles ein, was den Gesprächspartner zu interessieren oder sonstwie innerlich zu bewegen schien. Die feinfühlig-liebenswürdige und taktvolle Art, in der sie dies tat, war schlechthin vollendet. Gleichviel, ob sich unser Gespräch auf Politik, Literatur, Weltanschauung und Kunst oder auf die kleinen Dinge des Alltags erstreckte wie Kochrezepte, Lebensmittelknappheit, Haushalt, Gebrauchsgegenstände, Liebhabereien oder was es sonst sein mochte, immer wußte sie es zu würzen durch Witz, Humor und Äußerungen von ausgeprägtem persönlichem Geschmack oder Urteil.«[62]

Bald ergriff sie die Initiative und schuf sich einen Stammtisch. »Ich habe eine nette Einrichtung getroffen«, schrieb sie an den Schweizer Freund Leo Merz am 9. Dezember 1939, »damit wir in unserer entlegenen Wohnung nicht ganz vereinsamen: in jeder Woche an einem Nachmittag ist in einem Café im Zentrum der Stadt ein Stammtisch, wo sich alle Bekannte, die Lust haben, einfinden können … es fängt schon um drei an, weil man wegen der Dunkelheit nicht lange bleiben kann.«[63] »Jour. Zuckers. Verschwörergesellschaft«, notierte sie am 14. Januar 1941, oder: »Jour mit Sensation. Hess. Sehr amüsant.«[64] Dies zeigt, kaum verschlüsselt, worum es bei den Gesprächen ging. Ein notwendiger Austausch am »Runden Tisch« mit Gleichgesinnten, die sich in ihrem Urteil über Nazideutschland einig waren, Neuigkeiten berichteten und ihren eigenen Standpunkt formulierten. Mit konspirativen Zusammenkünften hatte das nichts zu tun, aber man machte sich gegenseitig Mut. Nicht zuletzt ein Weg, um an Informationen heranzukommen, und ein geistiger Austausch, der an die Stelle des behinderten Briefverkehrs trat. In den Briefen konnte es meist nur um Alltägliches und persönliche Angelegenheiten gehen, denn Politisches war in diesen Hoch-Zeiten der Zensur »zu interessant, um brieffähig zu sein«[65]. Verfolgt man allerdings Ricarda Huchs umfangreichen Briefwechsel, so ist erstaunlich, wie wenig sie sich manchmal um die Zensur scherte.

Es waren zehn oder zwölf Ehepaare, mit denen sie sich einmal die Woche am »Runden Tisch« traf, wobei Ricarda Huch mit ihrer weitgefaßten Bildung, ihrem tiefen Verwurzeltsein in der deutschen und europäischen Kultur, ihrer Menschlichkeit, ihrem Witz und ihrer Sprachfertigkeit wie gewohnt stets der unbestrittene Mittelpunkt war. Abgesehen davon, bekam bei ihr jede Unterhaltung eine historische Dimension, und sie sprach immer aus, was sie dachte.

Die Treffpunkte wechselten. Anfangs war es das »Café Puhlvers« am Holzmarkt, im Mai 1940 das »Paradies« an der Saale, später »Göhre's Weinstuben« am Markt. Neben den mit Franz Böhm befreundeten Juristen Heinrich Gerland und Hermann Schultze von Lasaulx kamen der Soziologe Franz Jerusalem, der Theologe Gerhard von Rad, die Betriebswirtschaftler Ernst Pape und Erich Gutenberg, der Volkswirtschaftler Erich Preiser und der Altphilologe Friedrich Zucker, neu berufener Rektor der Universität, regelmäßig zum »Jour«.

Dieses Beziehungsnetz war für Ricarda Huch lebenswichtig, während materielle Dinge sie kaum berührten – sie war von großer Einfachheit. Antje Lemke betont die Bescheidenheit ihrer Ansprüche: »Sie verstand sich nicht nur auf die Kunst, sich eine liebevolle Umgebung zu schaffen, in der man sie liebte und verstand, sondern hatte auch eine hinreißende Freude an kleinen Sachen.« Nie hat sie diese Freude verloren, ob es ein Talmi-Ohrring oder ein kleiner Löwe war, ein Geschenk von Marie Baum, »ich … stürzte auf ihn zu, drückte ihn an mich und schloß ihn in mein Herz«[66].

Beglückt genoß Ricarda Huch den kleinen Garten; sie lebte

intensiv mit der Natur. Im Frühling ging sie vors Haus und beobachtete die Blumenknospen und Bäume, ob sie Früchte versprachen: »Die Äpfel haben wenig Blüte, unser Kirschbaum aber verheißt viel.«[67] Von allem, was sie sah, erlebte, brachte sie ein Bild, eine kleine humorvolle Geschichte, einen Duft, einen Klang mit.

Den Anspruch der Familie erfüllte sie nach Kräften. Entschlossen, sich auch hinfort neben ihrer Arbeit an der Hausarbeit zu beteiligen, um Marietta zu entlasten, stand sie als erste auf. Den Lebensunterhalt für die vierköpfige Familie in jenen Zeiten zu bestreiten erforderte List, Findigkeit, Zeit und Geduld. Ricarda Huch ärgerte sich über das ewige Anstehen, sie neigte in diesen Dingen nicht eben zur Geduld – schließlich ging es um ihre Arbeitszeit. Früh um sechs Uhr, vor ihrer Arbeit, begann sie bereits, die Wohnung zu putzen und ein wenig Ordnung zu halten, ein schwieriges Unterfangen, bei vier Leuten auf einem geheizten Raum. Sie wusch die Wäsche im Spülbecken, verstaute ihre Akten, die jeden Tag aufs neue den Boden bedeckten, und staubte die Bücher ab. Und nie vergaß sie, Sorgfalt auf so kleine Dinge wie ihre Toilette zu verwenden, immer kleidete sie sich, trotz dicker Socken und Decken um die Beine, mit verblichener Eleganz, legte wertlose Ohrringe und eine ihr verbliebene Brosche an, etwas glitzerte immer an ihrem Hals und ihren arthritischen Fingern, ihre letzte Huldigung an ihr Ich und die, die ihr lieb und teuer waren.

Die Familie als Rückzug und Arbeitsgemeinschaft – sie lebte mit ihr in ständigem Austausch, einem nie unterbrochenen Gespräch. Auf ihre zurückhaltende, aber unmißverständliche Art wurde der Familienzusammenhalt zu einem Gebot, dem sich niemand entziehen konnte, und Tochter, Schwiegersohn und Enkel gaben ihr klaglos die Atmosphäre der Geborgenheit, die sie zum Leben und Arbeiten brauchte. Es war eine Gesprächsfamilie, die das Leben in jener Zeit ständig analysierte, in dieser speziellen Mischung aus liebevoller Anteilnahme und kritischer Distanz, in der Politik zum geistigen Ereignis wird – das mochte Ricarda Huch an ihr gepflegtes Elternhaus in Braunschweig erinnern. Sie liebte die gemeinsamen Abende, bei denen Franz Böhm häufig vorlas, zu den Füßen der Großmutter Kander, der geliebte Enkel.

Es gibt ein spätes Bild, das ich in Gedanken »Das Glück in der Familie« taufe. Ricarda Huch in den 1940er Jahren, von der Gewißheit ihrer Liebe zur Familie umgeben wie von einer zinnenbewehrten Mauer. Auf dem Bild stehen Arm in Arm vier selbständige starke und schöne Menschen, Ricarda Huch, Marietta, Alexander und Franz Böhm, und an ihrem wachen Blick ist zu sehen, wie sehr Politik das Schicksal von Menschen beeinflussen kann. Eine stabile Verbindung, vereint im gleichen Kampf, einander Stütze und Stab. Das Gerangel um das tägliche Brot hat die praktische Seite der Tochter so sehr hervorgekehrt, daß ihre Sensibilität ein wenig zurückgetreten ist. »… sie kocht, backt, putzt, flickt, heizt, alles mit wohltönendem Gesange begleitet.«[68] Das viele Gerede über Geschichte ist ihr allerdings zuviel, sie sei sehr antihistorisch eingestellt, was Distanz zur beherrschenden Mutter bedeutet, aber keinesfalls heißt, daß sie nicht genau versteht, was die Gegenwart betrifft. Ein tiefes Aufeinander-Bezogensein der Familie macht dieses Foto sichtbar, und nie wird einer von ihnen über die Enge klagen, über die Einschränkungen, die diese Situation mit sich brachte.

Der Tagesablauf, so berichtet Ricarda Huchs Enkel, der Jurist und Universitätsprofessor Alexander Böhm[69], den ich in Frankfurt a. M. treffe, war ganz von Ricarda Huchs festgefügtem Arbeitstag bestimmt: »Sie war meistens die erste, die morgens aufstand. Den Vormittag verbrachte sie an ihrem Schreibtisch mit ihrer Arbeit oder in der Bibliothek. Nach dem späten Mittagessen, spät, damit sie vormittags Zeit zum Schreiben hatte, pflegte sie mit meiner Mutter jeweils vier bestimmte Patiencen zu legen, am liebsten die ›Harfe‹. Am Nachmittag stand oft ein Spaziergang oder ein Treffen mit Bekannten auf dem Programm. Pünktlich um 19 Uhr gab es Abendessen.« Der Nachmittag gehörte der Korrespondenz und Besuchen, nicht zuletzt den Hausaufgaben Kanders, die sie mit ihm durchging. Wie sie mit ihm lateinische und griechische Schriftsteller las, davon erzählt Alexander Böhm mit Begeisterung, man spürt die tiefe Verbundenheit. Den Abend widmete sie der Lektüre. Bei den täglichen Ritualen sei sie allerdings unflexibel gewesen und habe andere in ihr Joch gezwungen, doch sei sie von überraschender geistiger Beweglichkeit gewesen, wenn es um Neuanfänge ging.

Wie Ricarda Huchs »Kander« seine Kindheit und seine Großmutter aufleben läßt, ist unvergleichlich in seiner Heiterkeit. Sieht man dabei den Ausdruck des Vergnügens in seinem Gesicht, so erblickt man das Kind, das er war und das seiner Großmutter so viel Anlaß zur Freude bot, ein etwas rundlicher, gutaussehender, engagierter, humorvoller und politisch interessierter Mann von großer Aufgeschlossenheit, der Züge sowohl seiner Mutter, seines Vaters wie von Ricarda Huch aufweist. Weder sentimental noch kommentierend, erzählt er flüssig, plastisch, manchmal anekdotisch: »Nicht so schlimm, daß ich weiß, daß Sie sich weniger für mich als für meine Großmutter interessieren, aber ärgerlich, daß ich dann auch über mich erzählen muß. Bleibt mir gar nichts anderes übrig.« Von ihm erhalte ich Aufschluß über die familiäre Atmosphäre im Philosophenweg und das Innenleben seiner Großmutter Ricarda.

Seine Augen, die Augen seines Vaters, glänzen, wenn er sich an die umständlichen Weihnachtsvorbereitungen erinnert, die bereits im Januar begannen: »So bekam Ricardas kleiner Besitztrieb auch eine altruistische Komponente – sie konnte ein Jahr lang mit den kleinen Sachen spielen.« Lebhaft erinnert er sich an die Vorleseabende, an denen ihm seine Großmutter aus Werken von Alfred Döblin, Ina Seidel, Ehm Welk, Heinrich Mann, Marie-Luise Kaschnitz und Hermann Hesse vorlas, an den riesigen Bekanntenkreis mit Persönlichkeiten wie Carl Friedrich Goerdeler, den Leipziger Oberbürgermeister, den er bewunderte, und Helmut Gollwitzer, dem Berliner Theologen, häufig Gast in ihrem Haus, den Ricarda Huch 1938 kennengelernt und mit dem sie sich angefreundet hatte. Von Ricarda Huchs Tod hat Alexander Böhm durch einen Schulfreund erfahren: Er selbst hatte kein Telefon.

Mit zur Familie gehörte Antje Lemke-Bultmann. Es war sechs Monate nach Ausbruch des Zweiten Weltkriegs, als Ricarda Huch im Haus des befreundeten Theologen Gerhard von Rad Antje Lemke zum erstenmal traf. Eine kleine Gesellschaft aus Freunden und Universitätskollegen von Franz Böhm feierte die Einstellung des Heimtücke-Verfahrens, das sich insgesamt über drei Jahre hingezogen hatte. Ein Nachmittag mit Hausmusik und Sekt, Mozarts Trio wurde gespielt, und Ricarda Huchs Blick hatte immer wieder auf der jungen Cellistin Antje Lemke gelegen. »Danke«, habe Ricarda Huch später zu ihr gesagt, »danke für Ihr Spiel, Sie haben mir eine große Freude gemacht.« Sie liebe Mozart ganz besonders, weil seine Werke eine klare, mathematische Struktur mit einer so überirdischen Losgelöstheit verbinden würden. »Vielleicht«, habe sie geantwortet, »verstehen Sie Mozart deshalb so gut, weil es etwas mit Ihrem Werk zu tun hat. Sie schreiben Geschichte, als wär's Musik.« Am nächsten Tag habe sie mit einer Tafel Schweizer Milchschokolade vor ihrer Haustür gestanden: »Ich wollte gern einmal sehen, wo Sie leben, und Ihren Mann kennenlernen.« Mit diesem für Ricarda Huch bezeichnenden Schritt hat sie eine Freundschaft begonnen, in der sich die beiden altersmäßig um mehr als ein halbes Jahrhundert getrennten Frauen nie mehr aus den Augen verloren haben.

Ich treffe die heitere, zarte Frau, 1918 geboren, in der Nähe von Freiburg im Schwarzwald. Antje Lemke ist die Tochter des mit Ricarda Huch befreundeten Rudolf Bultmann, eines bedeutenden evangelischen Theologen. Sie war jung verheiratet mit dem Arzt und Psychiater Rudolf Lemke, der auch Hobbymaler war und ein Bild von Ricarda Huch malte, und absolvierte damals gerade eine Ausbildung zur Bibliothekarin in der Thüringischen Landesbibliothek in Jena.

Antje Lemke war von nun an oft im Hause Ricarda Huchs und lernte deren Freunde kennen: »Es fiel mir bald auf, daß die meisten Menschen in ihrer Gegenwart nicht etwa gehemmt oder verschüchtert waren, sondern im Gegenteil freier wurden. Vielleicht war für viele das Zusammensein so wohltuend, weil sie sich nicht nur verstanden fühlten, sondern weil die Gegenwart dieser großen Frau in ihnen selbst die besten Saiten zum Erklingen brachte.« Und sie betont: »Es ist nicht übertrieben, wenn ich sage, daß jeder Tag mit Ricarda ein Geschenk war.«

Als Antje Lemke klar wurde, daß ihr Mann Rudolf Lemke das Rassedenken der Nationalsozialisten angenommen hatte, trennte sie sich von ihm und zog 1944 zu Ricarda Huch in den Philosophenweg. Sie ordnete Ricarda Huchs Leben auf unaufdringliche Weise, war Freundin und Mitarbeiterin, erhielt von Ricarda Huch ein kleines monatliches Gehalt und konnte sie mit Büchern versorgen. Sie blieb mit Ricarda Huch bis zu ihrem Tod eng verbunden. Später ging sie in die Vereinigten Staaten, studierte an dem Frauen-College Bryn Mawr Bibliothekswissenschaft und bildete in Kanada Bibliothekare aus.

Antje Lemke war durch ihren Mann, der 1940 *Über Ursache und strafrechtliche Beurteilung der Homosexualität* publiziert hatte, über Einzelheiten des Rassenwahns informiert. Sie hat Ricarda Huch davon erzählt, auch davon, daß sie wie ihr Vater versucht hatte, Menschen aus dem nahe gelegenen KZ Buchenwald für 5000 Mark freizukaufen, auch wenn Antje Lemke dazu in unserem Gespräch nichts weiter sagen will.

Ich frage Antje Lemke, ob Ricarda Huch nach 1945 jemals nach Buchenwald gefahren sei. Antje Lemke errötet. Das hätte sie nie getan, antwortet sie, und als ich nachfrage, warum, gibt sie zur Antwort: »Aus Taktgefühl.« Hätte Ricarda Huch auch ein Buch über die Opfer von Buchenwald oder Auschwitz geschrieben? Antje Lemke schüttelt den Kopf: »Wohl kaum.« Hatte Ricarda Huch also Angst um ihre Haltung, ihre Contenance, diese bürgerliche Selbstbeherrschung, die sie zum Leben brauchte? Darauf gibt es keine Antwort.

Es gab noch eine Helferin im Haus am Philosophenweg. Dorothea Dove, die ich kurz darauf in ihrem Haus in Jena besuche, auch sie eine Freundin der letzten Jahre, könnte eine bürgerliche Schwester Antje Lemkes sein mit ihrer zierlichen Gestalt, dem weißen Haar, dem Lächeln, der Nachdenklichkeit. Sie wagte lange Zeit nicht, Ricarda Huch anzusprechen, und bewunderte sie aus der Distanz, hatte alles gelesen, die Bücher sind noch da, einen Teil davon hat sie mir nach unserem Gespräch geschenkt. In ihrer Vitrine stehen noch Ricarda Huchs kleine Geschenke: eine Teedose aus Armenien, eine chinesische Vase, ein kleiner blauer Elefant, den sich Ricarda Huch »vom Herzen« gerissen habe. Dorothea Dove fühlte sich von der geistigen Atmosphäre im Haus Ricarda Huchs angezogen und ging dort ein und aus. Sie schrieb Ricarda Huchs Notizen ab, das eine oder andere Dokument, tippte die unzähligen Briefe, ordnete die Zettel, die Bücher, schrieb das *Gedenkbuch* ab: »Damit ich etwas fürs Herz hatte und für den Geist.«

Ich stehe auf, in die oberen Räume wage ich mich nicht. Ich nehme den steilen Ricarda-Huch-Weg hinab, um das zerbombte Jena nach dem Krieg mit Ricarda Huchs Augen zu sehen. Ein anstrengender Fußmarsch für die Einundachtzigjährige, den sie auch im Winter in uralten festen Schuhen mit der von Marietta vielfach genähten Sohle täglich hinter sich brachte, um einzukaufen und auf den Markt zu gehen.

Ich biege in die Humboldtstraße ein, die in den Fürstengraben übergeht, betrachte die Fünfziger-Jahre-Häuser und denke, wie sehr sie die DDR-Verschönerungen mißbilligt hätte. Statt die zerstörten Häuser zu restaurieren, hat man die einfachste Lösung gewählt und Altes gesprengt.

1945: Ihr schöner Kollegienhof ein Trümmerfeld. Ihr Lieblingshaus Unterm Markt, in dem Goethe und Schiller ihre Freundschaft beschlossen, zerbombt. Die Stadtkirche verbrannt. Der Burgkeller, die Neuenhahnsche Druckerei, das Rathaus, das Theater, das Museum in Schutt und Asche – Jena hatte sein Gesicht verloren. Ihr guter Freund, der Leiter der

Universitätsbibliothek Theodor Lockemann, unter den Trümmern mitsamt seinen geliebten Büchern begraben. Gerade die letzten Kriegsmonate hatten aus ihrem Freundes- und Bekanntenkreis viele Opfer gefordert.

Ich mag mir kaum vorstellen, was der Verlust eines befreundeten Bibliothekars in jener Zeit bedeutete. Sie besaß weder eine eigene Bibliothek noch einen und sei es noch so kleinen Apparat, und es gab auch keine Hoffnung, Bücher, die sie für ihre Arbeit benötigte, zu kaufen. Man lieh Bücher aus oder lieh sich welche, tauschte oder erzählte sich, was man gelesen hatte.

Und wie Ricarda Huch drehe ich mich noch einmal um, als stünde da Lockemann, in der Hand ein Buch, das er ihr ohne Zögern mit nach Hause gab, eingeschlagen in Zeitungspapier.

6
»Meine Hände sind noch voll Frost«

Ricarda Huch an ihrem 80. Geburtstag,
Jena, 18. Juli 1944

Der Kriegswinter 1940 war der kälteste des Jahrhunderts. Es waren »sehr ungemütliche Tage mit der Aussicht, bei 22 Grad Kälte ohne Kohlen zu sein, da, wie durch ein Wunder, wurden wenigstens ein paar Zentner gebracht, als wir buchstäblich nichts mehr hatten«, schrieb Ricarda Huch am 15. Januar 1940 an Marie Baum. »Auch mit der Heizung müssen wir bei solcher Kälte – gestern waren am Morgen 25 Grad – ziemlich frieren, weil die Heizanlage ungenügend ist. Aber heute ist ja das Thermometer gestiegen.«[70] Immer wieder versuchte sie, ihre Freundin Marie zu beruhigen. Stets gab sie sich heiter, voll Schwung, selbst mit knurrendem Magen. »Nun habe ich sogar die zusätzliche Fleischration bewilligt bekommen«, schrieb sie am 18. April 1941. »Kohlen haben wir auch erhalten, die besser heizen als die bisherigen. Seitdem haben wir nicht mehr solchen Wolfshunger wie zu der Zeit, wo wir froren.«[71] »Der Kampf mit der Kälte« wurde auch in den nächsten Jahren »tapfer weitergekämpft, das heißt tapfer bin ich des Morgens, am Abend bin ich total erledigt, dann aber sinke ich ins Bett, also schadet es nichts. Unsere Kohlen werden vielleicht bis Ende März reichen, was dann wird, interessiert noch nicht.«[72] Sie richtete all ihre Hoffnung auf die Sonne: »Die Sonne scheint auf meinen Schreibtisch, sie hat aber noch nicht Kraft genug, um den alten verschmutzten Schnee weg zu schmelzen, und meine Hände sind noch voll Frost.«[73]

Sie gestattete sich keine Klagen, und selbst der Hunger brachte sie auf positive Gedanken: »Mir hat das Essen noch nie so viel Vergnügen gemacht, das ist eine der wenigen angenehmen Seiten der jetzigen Zeit.«[74]

Wie groß der Hunger der Familie war, zeigt ein Brief, in dem sie von dem Besuch ihres Enkels bei der Konfirmation eines Freundes erzählt: »Kander kam am Abend aufgeregt und begeistert zurück, ich habe ihn selten in so gehobener Verfassung gesehen. Es gab fünf Hühner und eine dicke Sauce, sagte er, und ich bin richtig satt geworden, so wie ich mich gar nicht erinnern kann, daß ich je war. Er konnte gar nicht aufhören, den Überfluß und die Pracht zu schildern. Busi hat diese Nacht von einem Gemüseladen geträumt, wo es furchtbar viel gab, aber jeder nur 100 Gramm bekam. Es ist sehr amüsant, wie die Eßfrage immer mehr zum Mittelpunkt wird.«[75]

Ricarda Huch bewahrte auch in Hungerzeiten ihre aristokratische Überlegenheit. Auch wenn sie das Anstehen noch so sehr haßte – »Das Anstehen nach Kartoffeln ist nicht geeignet, eine optimistische Weltanschauung ... zu begünstigen«[76] –, so nahm sie doch den langen Fußmarsch auf sich, um zum Markt zu gehen, wo einmal die Gemüsehändlerin die alte Ricarda Huch, die hinten in der Schlange stand, nach vorne rief: »Nachdem ich auf dem Markt von 7 bis 8½ angestanden hatte, entdeckte mich die Tochter der Gemüsehändlerin und holte mich, damit ich sofort bedient würde. Um die anderen Anstehenden nicht zu erzürnen, rief sie laut die ganze Schlange entlang: ›Die Dame ist ja schon 80 Jahre alt! 80 Jahre!‹ Und als eine brummte: ›Ich bin auch alt‹ rief sie: ›aber es ist Ricarda Huch! Das können wir doch für Ricarda Huch tun!‹«[77]

Die bedrückenden Lebensumstände hatten ihr zugesetzt, ihr Gesicht zeigte eine neue, durchgearbeitete Art von Schönheit, ihre Haltung blieb aufrecht. Ohne Larmoyanz stellte sie fest: »Vorgestern erklärte ich Antje, warum ich mich nicht gern photographieren lasse. Die Seele, sagte ich, bleibt jung, deshalb fühle ich mich in meinem Innern so jung wie immer. Wenn ich dann ein Bild von mir sehe, kommt mir plötzlich zum Bewußtsein, daß ich bald 80 Jahre alt bin, und ich erschrecke.« Sie wußte, daß es jedem so geht und »wie wenige es gibt, deren inneres Bild von sich mit dem Bilde übereinstimmt, das andere von ihnen haben und das das Licht von ihnen macht. Übrigens fand ich das noch nicht so, als ich 70 Jahre war, damals war ich in Haltung und im Gange noch nicht so wesentlich verändert wie jetzt ... «[78] »Ich sollte«, schrieb sie an anderer Stelle, »meinen Jahren nach, mit dem Tode in einem besseren Verhältnis stehen; anstatt dessen hafte ich noch fest am Leben und möchte durchaus nicht sterben, bevor ich den Ausgang der unerhörten Ereignisse, in denen wir stecken, erfahren habe ... «[79]

Trotz der katastrophalen Situation schaffte Ricarda Huch es immer wieder, sich an den Schreibtisch zu setzen und Stellung zu beziehen. So zögerte sie zum Beispiel nicht, dem Bischof von Münster, Clemens August Graf von Galen, nach dessen berühmter Rede zur Euthanasie umgehend zu schreiben: »Erfahren zu müssen, daß unserm Volk das Rechtsgefühl zu fehlen scheint, war wohl das Bitterste, was die letzten Jahre uns gebracht haben«, und sie versicherte ihm, »daß es viele gibt, die sich Ihnen von ganzem Herzen verbunden fühlen«[80].

Die Erfahrungen der ersten Kriegsjahre, in denen sie weiterhin leidenschaftlich das öffentliche Leben beobachtete, trugen wesentlich zu ihrem Nachdenken über Geschichte bei. Sie mußte feststellen, welch ein fragwürdiges Unternehmen die Geschichtsschreibung sein, wie sie zur Hure gemacht werden kann. Sie nutzte die Stunde und machte eine entschiedene Wendung hin zur Gegenwart.

Anläßlich der Feier zum fünfzigjährigen Jubiläum ihrer Doktorprüfung am 30. Mai 1942 in Zürich faßte sie die Überlegungen der letzten Jahre zur Geschichtsschreibung zusammen. Sie tat dies kurz und bündig, in der für sie so bezeichnenden schönen »Mischung von Selbstgefühl und Bescheidenheit«[81], und verglich ihre damalige Position als Historikerin mit der heutigen. »Den Unterschied sehe ich hauptsächlich darin, daß ich damals glänzende Visionen hatte von dem, was ich einst leisten würde, während ich heute etwas enttäuscht auf das Geleistete blicke.« Was sie früher an der Geschichte, der größten Dichterin, wie sie Plutarch genannt hat, gereizt hatte, war ihr dramatisches Element. Mit allen Sinnen spürte sie damals der Geschichte nach, um sie zu einem lebendigen und poetischen Ganzen zu verweben, befreit vom trockenen Fakt.

»Ich glaube, daß jeder geborene Historiker wenigstens zum Teil durch die Lust, sich in diese Dramen zu vertiefen, zu seinem Fach hingezogen wurde. Bei mir überwog dieses Interesse, eigentlich ein poetisches, weit. Das zeigt sich auch darin, daß ich mich gar nicht für die Gegenwart, einzig für die Vergangenheit interessierte ... Erst der Weltkrieg weckte mein Interesse für die Gegenwart, und seitdem hat es sich fortwährend gesteigert.«

Zum erstenmal in ihrem Leben war sie mit echter Geschichte, lebendiger Geschichte konfrontiert, eine stupende Sache für eine Historikerin. Sie sah die frühere Ricarda Huch nicht ohne Kritik, und es schien ihr, als sei ihr Blick »viel schärfer geworden«. Früher habe sie die Dinge nur von außen gesehen, während sie jetzt »das Innere, das Knochengerüst und die Eingeweide zu sehen glaube«. Ein in ihrem Alter nicht zu unterschätzender Umdenkungsprozeß hatte stattgefunden. Den historischen Elfenbeinturm verließ sie ohne Bedauern und strebte energisch fort vom »Götzen Vergangenheit«.

Nun wisse sie nicht nur, daß man, »ohne die Gegenwart zu kennen, … die Vergangenheit nicht verstehen« kann. Sie wagte es, ihr ganzes historisches Denkgefüge, die Frucht eines langen Lebens historischer Spurensuche, in diesen Sätzen aufzulösen: »Ich will nicht sagen, daß ich an meinen früheren Zielen irre geworden bin; aber wenn ich jung genug wäre, Neues zu wagen, würde ich vielleicht andere Wege einschlagen.« Und: »In bezug auf die Geschichte könnte ich das Studium also von vorne anfangen.«

Eine radikale Selbstkritik. Sich selbst, ihrer Generation der aufgeklärten Intellektuellen, stellt sie damit ein schonungsloses Zeugnis aus.

Ihr Ton hatte sich gewandelt. Sie nannte fortan messerscharf die Dinge bei ihrem Namen, nannte das Leben im Dritten Reich einen »Morast«, vor dem sie nichts als »Grauen und Ekel« empfinde.[82] Inzwischen aber war ihre politische Geschichtsschreibung unter dem Fliegeralarm verstummt.

Mit gemischten Gefühlen sah sie zwei Jahre später ihrem achtzigsten Geburtstag am 18. Juli 1944 entgegen. »Dieser Geburtstag hing schon Wochen vorher drohend wie eine Wetterwolke über mir«, schrieb sie an Rudolf Bultmann, »und entlud sich dann auch in einigen Blitzen, die mehr schweflig unbehaglich als himmlisch erhaben waren. Es ist nicht alles

Gold, was glänzt, und nicht alle Gratulationen berühren das Herz ...«[83]

Zunächst drückten die kargen Zeiten auch diesem Tag ihren Stempel auf: »Die Gäste werden gebeten, Kuchen und belegte Brote mitzubringen, oder, wenn das nicht möglich ist, bis zum 10. Juli an Frau Dr. Dahlet folgende Marken einzusenden: 50 gr. Fleisch, 10 gr. Fett und 150 gr. Brot.«[84] Zudem hatte sie gerade von der Verhaftung Elisabeth von Thaddens erfahren.

Der nationalsozialistische Staat feierte mit. Der *Völkische Beobachter* und viele andere Zeitungen brachten Würdigungen, eine offizielle Festschrift zu ihrem Geburtstag erschien, Hitler sandte ein Telegramm, ein Bote von Goebbels meldete sich an, der Glückwünsche überbringen sollte, und dann trat noch »eine wahre Katastrophe«[85] ein: Eine Delegation überreichte ihr auf Geheiß von Goebbels den Wilhelm-Raabe-Preis der Stadt Braunschweig, in Höhe von 30 000 Mark, eine steuerfreie Schenkung des NS-Staates.

Der bei Braunschweig geborene Erzähler Wilhelm Raabe, Autor unter anderem der populären *Chronik der Sperlingsgasse* und des sozialromantischen Erziehungsromans *Die Leute aus dem Walde,* war der Lieblingsautor des jungen Goebbels. Dieser hatte bereits als Schüler einen Aufsatz über Raabe geschrieben und in seiner Studentenzeit bei der katholischen Studentenverbindung Unitas einen Vortrag über ihn gehalten. Wegen seiner Begeisterung für den Helden in *Die Leute aus dem Walde,* einen weisen, vorausschauenden alten Mann, erhielt Goebbels in Studentenkreisen den Spitznamen Ulex.

Wie Ricarda Huch den Autor, nach dem der Preis benannt wurde, einschätzte, ist nicht bekannt. Daß sie das Preisgeld nicht zurückwies, hat sie später bitter bereut. Scham spricht aus einem ihrer letzten Briefe, einen Tag nach ihrem 83. Geburtstag geschrieben, den Wolfgang M. Schwiedrzik zum erstenmal zitiert: »Die Erinnerung an meinen 80. Geburtstag ist mir qualvoll. Daß ich nicht die Geistesgegenwart hatte, die 30000 M., die mir da geschenkt wurden, in einer passenden Form abzulehnen, ist vielleicht entschuldbar, aber ich empfinde es als einen Flecken auf der Ehre, den ich nicht auslöschen kann.«[86]

Dennoch wurde es bei herrlichem Wetter ein ausgelassenes Fest im Garten der Nachbarin: »… es ist wie in Pestzeiten –, am Rande des Abgrunds sind die Feste am lautesten«[87], schrieb Ricarda Huch wenige Tage später.

Den ganzen nächsten Tag aber verbrachte sie damit, zusammen mit Marie Baum das Danktelegramm an Hitler zu verfassen und die Anrede »Mein Führer« sowie den Gruß »Heil Hitler« zu vermeiden.

Am 8. Februar 1945 trafen Bomben das Nationaltheater Jena und das Goethehaus. Am 17. März ging »ein ganzer Bombenregen über Jena«[88] nieder. Die Haube des Turms der Stadtkirche stürzte brennend auf das Langhaus. Besonders bedauerte Ricarda Huch, daß das Haus am Markt zerstört wurde, »in dem die erste Begegnung Goethes mit Schiller stattgefunden hat«[89].

Das kleine Haus am Philosophenweg wurde nicht beschossen, aber Ricarda Huch hörte vom Keller des Nachbarhauses aus, in den sie sich mit ihrer Familie flüchtete, die Explosionen. »Das Fliegergeräusch wurde immer lauter, immer drohender. Das Gespräch verstummte … Dann kam etwas Entsetzliches, Unbeschreibliches; ein langgezogenes, zischendes Pfeifen. – Das ist das Zeichen: im nächsten Augenblick werden wir tot oder zerfleischt oder doch noch lebend sein. Die rasselnde Schlange stürzt sich auf ihr gelähmtes Opfer, um es in ihrer ekelhaften Umarmung zu erdrücken. Ein Krachen wie Weltuntergang – das war ein sogenannter Bombenteppich, keine einzelne Bombe«[90], heißt es in ihrer autobiographischen Erzählung *Tag in Jena.*

Selbst in einer solchen bedrohlichen Situation verlor Ricarda Huch nicht ihre Contenance, die anderen Halt und Hilfe bedeutete. Ihr Stolz ließ es nicht zu, sich dieser »unwürdigen, entnervenden, entmenschenden Angst« auszuliefern, und sie versuchte, ihr aufgestörtes Inneres zu disziplinieren: »Ich bin alt, dachte ich, ich müßte ein Gebet sprechen oder etwas Erhebendes sagen; aber mir fiel nichts ein, was mir natürlich und angemessen vorgekommen wäre. Anstatt dessen bat ich Dr. Horstmar …, seinen Bericht zu vollenden, den er an einer so dramatischen Stelle abgebrochen hatte.«[91] Mit diesen Sätzen deckte sie Haltung als Überlebensmöglichkeit auf, Haltung selbst während der Apokalypse.

Franz Böhm und Kander zogen nach Freiburg, wo Freunde, die Kriegswirren ausnutzend, Böhm einen Lehrauftrag vermittelt hatten. Ricarda Huch, Marietta und Antje Lemke siedelten für ein paar Wochen nach Tautenberg über. Sie hatten überlebt. Ricarda Huch wog noch 98 Pfund.

7
»Und kein Krieg, keine Bomben, keine Nazis mehr!«[92]

Ricarda Huch beim Patiencelegen,
Jena, Oberer Philosophenweg, 1944

Neunzehnhundertfünfundfvierzig, das Jahr des »Zusammenbruchs«, der militärischen Kapitulation der deutschen Wehrmacht, die mythische »Stunde Null« und der »rote« Tag der Befreiung. Thüringen wurde vom 1. bis 16. April 1945 von amerikanischen Streitkräften besetzt, die Anfang Juli 1945 aufgrund alliierter Abkommen das Land verließen. Jegliche politische Betätigung war in dieser Zeit verboten. Am 2. Juli wurde das Land wie vorgesehen in die SBZ, die Sowjetische Besatzungszone, eingegliedert, mit der Sowjetischen Militäradministration als oberster Regierungsgewalt.

Ein neuerlicher Bruch in Ricarda Huchs Biographie. Eine weitere Herausforderung. Nun kam es darauf an, ganz gegenwärtig zu sein. Jetzt würde sich zeigen, ob sich ihr gesteigertes »Interesse«[93] an der Gegenwart bewährte.

Ricarda Huch, Marietta Böhm und Antje Lemke kamen Ende Mai nach Jena zurück, da waren die amerikanischen Truppen bereits einmarschiert. Ricarda Huch, noch immer wie traumatisiert von den Bombenangriffen und Zerstörungen und gleichermaßen gegenwartssüchtig wie gegenwartserschöpft, fehlte die seelische Balance, die sie sonst in ihrer Arbeit gefunden hatte. Die Jahre der Unruhe hatten sie von sich abgebracht, jetzt wollte sie endlich ankommen. Sie sehnte sich nach Ordnung, in sich und um sich.

Statt dessen: rundum Chaos. Der Postverkehr stockte 1945 für mehrere Monate. Telefon gab es nicht. Sie waren wie abgeschnitten von der Welt. »Niemand hat mehr einen Pfennig Geld, alle Konten sind gestrichen. Ein komischer Zustand! Da noch keiner von meinen Verlegern aufgetaucht ist, kann ich auch nichts verdienen ...«[94]

Die Gerüchte um die Russen beunruhigten sie wenig: »Der gefürchtete Iwan regt die Bevölkerung sehr auf, aber wir haben allmählich gelernt, keinen Gerüchten zu trauen, und warten ab, wie es wird.«[95] Nein, die Russen schienen für sie kein Problem zu sein. Es müßten ja so viele unter den Russen leben, warum sollte sie es nicht auch können? Es klingt wenig überzeugend, als fiele sie auf ihre eigene Beschwichtigung herein. Kündigt sich hier eine gewisse Blindheit an?

Sie kam nicht zum Arbeiten und tröstete sich sofort: »... vielleicht ist es gut, einmal brach zu liegen.«[96]

Sie war müde und freudlos. Es ist kaum nachzuvollziehen, aber der Haß gegen Hitler fehlte ihr. Er hatte ihr Kraft gegeben, nun nahm diese ab. Sie saß am Schreibtisch, empfand das Bedürfnis zu schreiben und konnte es nicht.

Nun, angesichts der inneren und äußeren Zerstörung Deutschlands, entging sie nur knapp einer Depression. Sie mußte nach draußen, brauchte Öffentlichkeit. Für die »am Platze« gebliebene Ricarda Huch war es eine notwendige Aufgabe, die Verbrechen der Nazizeit auszusprechen und einen Lernprozeß in Gang zu setzen. Nicht nur die Städte mußten aufgebaut werden, sondern auch die Menschen.

Als die russische Besatzungsmacht sich mit Ricarda Huch in Verbindung setzte und sie während der folgenden zwei Jahre sehr aufmerksam mit Heiz- und Nahrungsmitteln unterstützte, atmete sie auf. Der Stolz der neuen Machthaber auf ihre berühmte Dichterin tat ihr gut, um so mehr, als man sie alsbald zu öffentlichen Aufgaben heranzog. Unbegrenzte Möglichkeiten schienen sich ihr zu eröffnen. Sie gewann an Einfluß und übernahm Verantwortung, für sie zunächst keine Bürde.

Seltsam genug: Gerade einem totalitären Regime entkommen, ließ sie sich arglos auf das nächste ein – sie hegte ein Traumbild von Deutschland. Sätze aus ihrem eigenen Buch *Michael Bakunin und die Anarchie* lassen sich auf sie selbst anwenden: »Ein kindliches Hingegebensein an die lebendige Erscheinung und zugleich ein Fernsein von der Wirklichkeit, das man Blindheit nennen möchte. Er geht, in eine Wolke eingehüllt, mit seinem Traum; aber er bleibt nicht allein, sondern greift mit Leidenschaft nach diesem und jenem, was ihn umgibt, und erkennt es überraschend klar und genau, aber im Zauberlichte seines Traumes.«[97]

War sie angekommen in der Gegenwart?

Als sie am 7. Dezember 1945 von Gustav Leuteritz, Journalist der in Berlin erscheinenden *Täglichen Rundschau*, der Zeitung der Sowjetischen Militäradministration, zur deutschen Gegenwart befragt wurde, nahm sie kein Blatt vor den Mund. Auf die Frage, wie sie mit ihrem geschulten Historikerblick die Ereignisse der letzten Monate beurteile, plädierte sie mit Nachdruck dafür, privat wie politisch zusammenzustehen: »Es ist mir deprimierend, sehen zu müssen, daß Deutsche nicht einmal in der bittersten Notlage, die der Zusammenbruch des ›Dritten Reiches‹ mit sich brachte, brüderlich zusammenstehen, sondern vielfach gegeneinander arbeiten.«

Als der Journalist wissen wollte, worin die Selbsthilfe denn bestehen müsse, erklärte sie: »Die Menschen sind durch die Enttäuschungen der letzten Jahre dem politischen Leben gegenüber schreckhaft geworden, sie erklären mit einer gewissen Selbstsucht: ›Nur nicht wieder in die Partei gehen!‹ ... Jeder sollte darum an seinem Platze mitwirken.« Nicht zuletzt ein Plädoyer für politisches und spontanes Handeln im Zusammenspiel mit den anderen. Doch wie mit einem Volk umgehen, das über Nacht zu Widerständlern geworden ist?

Sie scheute auch vor unpopulären Forderungen nicht zurück: »Vor allem muß der Deutsche einsehen lernen, daß unser nationales Unglück heute die natürliche Folge der Hitlerzeit ist. Die meisten Menschen sehen nur ihre persönliche Bedrängnis und erklären vergeßlich, so schlecht sei es ihnen früher nicht ergangen, weil sie heute leiden müssen.«

»Die Leidensfähigkeit des deutschen Volkes«, fuhr sie nach längerem Nachdenken fort, »ist gewiß außerordentlich. Das haben die Kriegsjahre bewiesen. Leider besaß der Deutsche aber nicht die Kraft des Widerstands gegen das Verderbliche und Schlechte.« Sie las den Deutschen die Leviten: »Die Gewaltakte Hitlers, angefangen bei der Röhm-Affäre 1934 bis zu den Barbareien in den Konzentrationslagern, haben merkwürdigerweise in breiten Schichten des deutschen Volkes kein Schaudern ausgelöst. Daß Hitler auf dem Wege einer glatten Rechtsbeugung Tausende von Menschen töten ließ, kam nur wenigen in seiner ganzen Tragweite zum Bewußtsein.« Sie erweiterte diese Anklage noch: »Die Weltöffentlichkeit hat gestaunt, wie gleichmütig, ja wie gleichgültig weite Kreise unseres Volkes die Judenverfolgungen hinnahmen. Nur wenn wieder ein starkes Rechtsgefühl in uns allen lebendig wird, haben wir die Gewißheit, daß sich solche Barbareien nicht wiederholen.«

Wie könnte es anders sein, schloß sie den Gedanken optimistisch ab: »Trotzdem glaube ich, daß unsere Kindeskinder einmal nach Bewältigung der bevorstehenden Riesenarbeit

wieder in einer würdigeren und schöneren Umwelt leben werden.« Ihre Sicht auf das Politische deckte sich zunächst mit
der der neuen Machthaber: »Vor allem brauchen wir eine
überzeugende Propaganda, die unserem Volke, ohne es dau-
ernd mit Vorwürfen zu überschütten, klarmacht, wieviel
Unrecht in der Hitlerzeit geschehen ist. Diese Aufklärung,
die das Unmoralische und Verderbliche des Hitlerregimes
aufzeigt, muß aber gleichzeitig wegweisend und konstruktiv
sein.«[98]

Man zog Ricarda Huch zu öffentlicher Arbeit heran. Sie
übernahm den Ehrenvorsitz im 1945 von Johannes R. Becher
gegründeten »Kulturbund zur demokratischen Erneuerung
Deutschlands« in Thüringen. Sie eröffnete als Alterspräsiden-
tin den Thüringischen Landtag, der Jenaer Oberbürgermeister lud sie zur Teilnahme an einem Arbeitskreis ein, der in
wöchentlichen Zusammenkünften über wichtige Entscheidun-
gen beriet, und sie unterstützte das Aufbauwerk. *Mein Tagebuch*
erschien 1946 im Spiegel-Verlag in Weimar und konnte als
»Jena Baustein 1946« erworben werden, dessen Erlös dem
Wiederaufbaufonds Jena zufloß.

Bei aller Mühsal dieser ungewohnten Tätigkeiten empfand
Ricarda Huch doch Stolz und eine neue Freiheit. Die vorhandenen Strukturen zu nutzen und Freiräume auszuloten schien
ihr ein ungeheures Privileg.

Ihr 82. Geburtstag wurde ein Festtag, an dem Abgesandte
der Parteien sie mit Blumen und die Zeitungen mit Würdigungen überschütteten. Die Jenenser Universität verlieh ihr das
Ehrendoktorat. Nur daß sie als einzige »Literaturschaffende«
eine »Schwerarbeiterlebensmittelkarte« und zusätzlich wö-
chentlich ein halbes Pfund Fleisch und drei Pfund Brot sowie

täglich einen Viertelliter Milch zugeteilt bekam, verletzte ihren Stolz.

Ricarda Huch übernahm die neue Rolle mit dem ihr eigenen Optimismus. In ihrem ersten öffentlichen Appell an das Land nutzte sie ihren neu gewonnenen Einfluß. In ihrem Aufruf zum Jahreswechsel 1945/46 in der *Täglichen Rundschau*, den sie beiläufig eine *Neujahrsbetrachtung* nannte, plädierte sie eindringlich, die Schuld an den Verbrechen der NS-Zeit anzuerkennen. »Die Schuld ist in vergangenen Jahren aufgehäuft, ihre Folgen werden im gegenwärtigen Augenblick erlitten! Das macht uns geneigt, über unseren Leiden unsere Schuld zu vergessen ... Wir müssen aber, um unsererseits gerecht zu sein, unsere Schuld so vor uns hinstellen und ins Auge fassen ... Wohl gab es Tapfere, die gegen das Böse protestierten, Edle, die das Böse bekämpfend in den Tod gingen; sie haben dadurch die Ehre des deutschen Volkes gewahrt, es aber nicht von der Schuld befreit, in die die begangenen Verbrechen es verstrickten.« Und sie fuhr fort: »Das deutsche Volk hat erlebt, wie fremde Völker versklavt wurden, es hat gesehen, wie die verelendeten, verhungerten Gestalten vorbeigetrieben wurden, hat sich schaudernd abgewandt und versucht, den Anblick zu vergessen.«

Worte, wie sie sie in dieser Deutlichkeit nur dieses eine Mal ausgesprochen hat. »Es ist gekommen, wie es kommen mußte. Wir müssen hindurch.«[99]

»Wir müssen hindurch«: Damit bezog sie auch sich selbst ein. Ihr waches Bewußtsein für die politischen und geistigen Realitäten der Gegenwart bildete den Hintergrund der ersten beiden Jahre in der SBZ. Ihre Haltung blieb bis in das Jahr 1946 hinein positiv.

Doch nach und nach wurde ihre Einstellung zu ihrem Leben in der SBZ zwiespältig. Einschränkungen wurden sichtbar, und was sie zuerst als Wertschätzung ihrer Person ansehen konnte, daß man sie als Galionsfigur benutzte und öffentlich zu Wort kommen ließ, entpuppte sich allmählich als politisches Konzept: Schriftsteller und Künstler wurden generell angehalten, aktiv an der sozialistischen Umgestaltung der Gesellschaft mitzuwirken. Das desillusionierte. Die Strategien des sich als überparteilich verstehenden »Kulturbunds zur demokratischen Erneuerung Deutschlands« und ein differenziertes System von Privilegien wurden immer deutlicher. Ihre innere Distanz wurde größer, was sie aber öffentlich nie zugegeben hätte. Nach außen hin paßte sie sich den Umständen an, richtete sich ein und machte Konzessionen.

Dennoch scheute sie vor der Entscheidung, die SBZ zu verlassen, zurück. Das Verschweigen der NS-Verbrechen in den Westzonen, vom herrschenden Antikommunismus einmal abgesehen. Da war ihr die SBZ mit ihrem Versuch eines Neubeginns schon lieber. Nicht zu vergessen ihre offizielle Anerkennung im Osten Deutschlands, wo man sie zu *der* Repräsentantin eines demokratischen Staates gemacht hatte.

Es wäre verfehlt, ihre Loyalität zur SBZ anzuzweifeln und ihr Engagement allein als Folge eines politischen Drucks zu erklären. Es hat für einen kurzen historischen Augenblick ohne Zweifel einen Gleichklang der Intentionen gegeben, um so mehr, als man zunächst nach außen hin durchaus an bildungsbürgerliche Traditionen mit gemäßigtem linken Einschlag anknüpfte. Schließlich ging es um einen kulturpolitischen Neuanfang in ihrem Deutschland.

Doch dann konnte man sie nicht mehr täuschen, und ihr zwiespältiges Verhalten wurde unübersehbar.

8
»Eine große deutsche Schriftstellerin bittet um Material«

Ricarda Huch, Jena 1946

Zwei Tage nach ihrem achtzigsten Geburtstag, am 20. Juli 1944, erfuhr Ricarda Huch vom Scheitern des Attentats auf Hitler. In ihren Briefen sind bis zum Kriegsende keine Äußerungen auf dieses Ereignis zu finden. Andererseits hatte Ricarda Huch durch Helmut Gollwitzer immer wieder Nachrichten vom kirchlichen Widerstand erhalten und kannte Regierungspräsident Ernst von Harnack, zwei Tage vor seiner Verhaftung war er auf der Flucht bei ihnen in Jena aufgetaucht. Auch Elisabeth von Thadden, die Heidelberger Pädagogin, hatte sie persönlich gekannt. Ihr Schwiegersohn, Franz Böhm, traf sich seit November 1942 regelmäßig am letzten Sonnabend eines jeden Monats mit dem Leipziger Oberbürgermeister Carl Friedrich Goerdeler und begegnete dabei auch anderen Leipzigern aus dem Widerstand, darunter Adolf Grimme, dem früheren preußischen Kultusminister. Bei diesen Zusammenkünften erhielt Böhm übrigens von Goerdeler jeweils Geld für seine Familie, später holte Antje Lemke das Geld ab: »Ohne Goerdelers Hilfe wären wir verhungert.«[100]

Im Frühjahr 1946 entschloß sich Ricarda Huch, die Spur der ermordeten Widerstandskämpfer aufzunehmen, »vor allem aus einer gewissen Enttäuschung darüber, daß während des Jahres, das seit dem Kriegsende vergangen war, diese Menschen nicht als Helden gefeiert, ja den meisten Deutschen nicht einmal bekannt waren«[101]. Sie wollte ein *Gedenkbuch* schreiben, »weil es nicht nur eine Liebes- und Dankespflicht ist, sondern in jeder Hinsicht für uns wichtig«[102].

Schon zu diesem Zeitpunkt deutete sich an, was später in der DDR offizielle Sprachregelung wurde: ein Antifaschismus, der sich die Verklärung eines Ernst Thälmann auf die Fahne schrieb. In den Augen der Kommunisten sollten schon bald die Widerstandskämpfer des 20. Juli als »imperialistisch-restaurative Verschwörer« zur Erhaltung der »imperialistischen Klassenherrschaft« gelten. Im Westen hingegen herrschte eine spürbare Ablehnung von Teilen des Widerstands.

Ursprünglich plante sie ein dreiteiliges Werk: Die *Bilder deutscher Widerstandskämpfer* sollten biographische Skizzen über die Mitglieder der Weißen Rose, über die Frauen und Männer des 20. Juli und über die sog. Rote Kapelle, die Gruppe Schulze-Boysen-Harnack, etnhalten, wobei der »führende Gedanke ist, daß es sich in dem Kampf gegen Hitler um eine religiöse Bewegung handelte, um den Kampf gegen das Böse«, schrieb sie am 28. Juli 1946 an Herbert Krimm, Professor für evangelische Theologie in Heidelberg, der nach dem Inhalt des Buches fragte: »Es ist nicht der Zweck des Buches, die Geschichte des 20. Juli zu schreiben, sondern das deutsche Volk die beteiligten Personen kennen und verehren zu lehren. Deshalb die Form biographischer Skizzen, die natürlich vor dem Hintergrund der Ereignisse erscheinen müssen.«[103]

Nicht das analytische Denken also leitete sie, sondern ihr pädagogischer Impetus: Sie wollte den Prozeß der »Selbstreinigung« vorantreiben und auf ihre persönliche Weise gegen den Mangel an Mitgefühl für die Opfer ankämpfen.

Sie hatte vor, »dem deutschen Volke ein Gedenkbuch zu schaffen, in dem es das Große und Gute findet, was es in der dunkelsten Zeit seiner Geschichte besaß«[104]. Dem deutschen

Volke das Große und Gute, da war sie unverbesserlich. War es nicht auch ein Akt der Wiedergutmachung für das eigene Schweigen?

Ihr leidenschaftliches und unbeirrtes Engagement für die hingerichteten Männer und Frauen des Widerstands hatte etwas Mitreißendes. Antje Lemke, die von Anfang an an dem Projekt beteiligt war, konnte sehen, wie Ricarda Huch sich durch diesen Plan »als sich selbst geschenkt« erfuhr.

Doch wie wollte sie vorgehen? Es war ein Thema, das langen Nachdenkens bedurfte, das viel mit ihrer persönlichen und politischen Erfahrung zu tun hatte. Ihr ging es um den ganzen Menschen, der sich voll und ganz mit seiner Opposition identifiziert hatte. Sie machte sich eine Liste, wen sie aufnehmen wollte, trank dazu ein wenig Zichorienkaffee, dem ein paar Bohnen zugesetzt waren, eine Spende der Russen. Neben dem Manuskript die Feder, die alte Boersenzack.

1946 schickte sie einen Aufruf mit dem Titel *Für die Märtyrer der Freiheit* an die vier größten deutschen Zeitungen, die zunächst nicht reagierten. Nur die *Hessischen Nachrichten* druckten den Aufruf, und am 25. Mai 1946 erschien er auch in der New Yorker *Neuen Volkszeitung* (»Oldest Anti-Nazi-Newspaper«) mit der Überschrift *Eine große deutsche Schriftstellerin bittet um Material.*

Darin heißt es: »Wie wir der Luft bedürfen, um zu atmen, des Lichtes, um zu sehen, so bedürfen wir edler Menschen, um zu leben. Sie sind das Element, in dem der Geist wächst, das Herz rein wird. Sie reißen uns aus dem Sumpf des Alltäglichen, sie entzünden uns zum Kampf gegen das Schlechte, sie nähren in uns den Glauben an das Göttliche im Menschen ...«

Das war streckenweise nicht ohne Emphase verfaßt, doch dann wurde sie nüchterner: »Ich habe es mir zur Aufgabe gemacht, Lebensbilder dieser für uns Gestorbenen aufzuzeichnen und in einem Gedenkbuch zu sammeln, damit das deutsche Volk daran einen Schatz besitze, der es mitten im Elend noch reich macht.«

Sie schloß mit einem Appell an die Hilfe der Angehörigen, sie »mit Mitteilungen ... [zu] versehen, möglichst Äußerungen von ihnen selbst, Briefen und Tagebüchern, aber auch Schilderungen, kurz mit allen Nachrichten, die zur Schaffung eines Lebensbildes dienen können ...«[105]

Sie stand mit ihrem Vorhaben allein da, niemand sonst hatte sich so exponiert. Sie wurde für die einstigen NS-Mitläufer zur Provokateurin und erhielt in den folgenden Wochen anonyme Drohbriefe, in denen es zum Beispiel heißt:

»Sie wollen nun Mörder verherrlichen, Helden in den Schmutz ziehen. Mord ist Mord, gleichgültig, ob an Feind oder Freund begangen, und gehört gesühnt. Das gemeinste Verbrechen aber ist Hoch- und Landesverrat, noch dazu, wenn er von Menschen begangen wird, die den heiligen Eid geleistet haben, Volk und Vaterland zu verteidigen.«

Es war auf beschämende Weise alles wieder da: Denunziation, Beschimpfung, Häme, Todesdrohung.

»... Sie sitzen in Jena, der berühmten Universitätsstadt, von der so viele große Deutsche und Freiheitskämpfer hervorgegangen sind, und schämen sich nicht, einen solchen Aufruf zu verfassen ... Sie entehren und beschmutzen diese Stadt durch Ihre Anwesenheit ... Es kommt auch für Deutschland wieder eine andere Zeit. Aber dann wehe euch. Es wird eine zweite Bartholomäusnacht werden. Ihr seid alle gemerkt. Nicht Vergeltung, sondern Rache, Rache, blutige Rache ist unsere Losung. Ein glühender Deutscher.«[106]

Ricarda Huch hat diese Haßbriefe buchstäblich wegge-
steckt, hat sie mit Schweigen zugedeckt. Sie hatte nicht vor,
sagt Antje Lemke, den Haß noch zu schüren.

Die »glühenden« Deutschen und ihr Umgang mit dem
Widerstand gegen Hitler: Das würde ihre Arbeit begleiten.
Doch Ricarda Huch blieb trotz aller Anfeindungen ihrem
Thema bis zum letzten Lebenstag verpflichtet. Es ist sicher
nicht zu hoch gegriffen, wenn man annimmt, sie habe es als
Auftrag empfunden, ihre ganze Kraft und Autorität einzuset-
zen, um eine Wende im Denken der Deutschen herbeizu-
führen. Sie erblickte im Opfer der Menschen des Widerstands
eine existentielle Herausforderung für das ganze Land.

Mit Hilfe des Widerstands sollte es gelingen, ihr Land aus
Schimpf, Schande und Schuld herauszuführen und Opfer-
wille, Mut und Zivilcourage, nicht zuletzt Hoffnung auf einen
neuen Anfang hinüberzuretten.

Fortan hatte sie nur ein Ziel: ihr Buch über den Widerstand.
In diesem Plan versammelte sich ihre letzte Energie, ihr letzter Aufbruch. Mit zweiundachtzig hatte für sie ein neues Leben begonnen – sie erfand sich neu.

9
»Immer nur Briefe schreiben«

Ricarda Huch während ihrer Arbeit am
»Gedenkbuch«, Jena 1946

Ihr Blick, der über das angehäufte Briefmaterial glitt, war müde geworden. Seufzend betrachtete sie die Papierrollen mit Gedichten, von den Witwen der Widerstandskämpfer verfaßt, in Schönschrift gemalt und mit einem Band umwickelt, die kleinen Kassiber, aus dem Gefängnis geschmuggelt, die Anklageschriften, Bekenntnisse, Zeitungsnotizen, die Materialien über die Gestapo, die Exzerpte, die Abschriften von Artikeln, per Hand oder mit holperiger Schreibmaschine, von Feuchtigkeit gewellt, und die unzähligen Briefe. Dokumente, angefüllt mit Geschichte, die gerade erst über sie hinweggezogen war.

Erst langsam, dann reichlich gingen Briefe, Bilder und Mitteilungen der Verwandten und Freunde der Widerstandskämpfer ein. Täglich mühsames Abtragen nachwachsender Brieftürme. Sie fühlte sich bald überfordert und erschöpft.

Eine größere Arbeit war kaum denkbar, auch wenn Antje Lemke und Dorothea Dove für sie tätig waren, sich mit ihr berieten, ihre Manuskripte abschrieben und ihr beim Briefeschreiben halfen. Besucher wollten empfangen sein, die nach Jena kamen, um mit ihr zu sprechen und ihr Material zu bringen. Eine ausgedehnte Korrespondenz entwickelte sich, die mit Fingerspitzengefühl geführt werden mußte, an die hundert Briefe schrieb sie mit der Hand. Recherchen waren notwendig, erschütternde Eindrücke von Gesprächen wollten verarbeitet werden. Sie erhielt zahlreiche Briefe, in denen man auf die Aufnahme von Angehörigen oder Freunden in das *Gedenkbuch* geradezu bestand – kein Wunder in einem Deutschland, in dem es plötzlich von Widerstandskämpfern zu wimmeln schien. Doch ihre Kriterien waren unumstößlich. Aufgenommen wurde nur, wer bewußt und aktiv auf Hitlers Sturz hinarbeitete und dafür mit dem Tod bezahlt hatte. Nach kurzer Zeit tat sie sich beinahe leid mit diesem »Chimborasso oder Popocatepetl von Briefen«[107].

Sie wählte die Form knapper biographischer Skizzen vor dem Hintergrund der Ereignisse, wobei die Ausführlichkeit vom Material abhing, das sie bekam, ganz abgesehen davon eignete sich nicht jedes Leben zu breiter Entfaltung.

Die schwierige Aufgabe der Historikerin, die Dokumente zusammenzutragen, die sie für wesentlich hielt, war ihr vertraut. Doch dann war sonst die eigentliche Belohnung gefolgt: Das, was sie wußte, beiseite zu schieben, neu zusammenzusetzen und die toten Tatsachen mit ihrer Imagination zu beleben.

Die Arbeit verlor an Reiz und Reibung, auch an Poesie. »Fühlte ich es nicht als Pflicht, würde ich es gar nicht machen, denn eine Arbeit, bei der die Phantasie ausgeschaltet ist, hat etwas Drückendes.«[108]

Sie sehnte sich nach ihrer früheren freien Arbeitsweise und war deprimiert über den mageren Ertrag der vielen Recherchen: »Könnte ich nur wieder einmal wie sonst morgens an eine mich erfüllende Arbeit gehen, – aber nun schon seit Monaten immer nur Briefe schreiben, zum Teil sehr lästige. Neulich blätterte ich zufällig in meinen Menschen aus dem Risorgimento, was viel Analogien zu meinem jetzigen beabsichtigten Buch hat. Da sah ich mit Trauer, daß ich dies so gut nicht werde machen können – obwohl es mir doch noch viel wichtiger wäre –, weil ich so gute Unterlagen nicht bekomme.«[109]

Ricarda Huch versetzte sich in das Schicksal der Widerständigen in seiner ganzen Widersprüchlichkeit. Die Ereignisse des Widerstands, so nahe sie auch lagen, eigneten sich nicht für eine leidenschaftslose Prüfung, nicht für die Hinterbliebenen, aber wohl auch nicht für Ricarda Huch. Zuviel Emotionen kamen ins Spiel, Mystifizierungen, der begreifliche Wunsch, die so schrecklich Hingerichteten zu erhöhen. »Es liegt in der Natur der Sache, daß ich diese Toten wie Verklärte geschildert bekomme, nicht wie Menschen, ›mit ihrem Widerspruch‹. Und alles Schriftliche ist ihnen verbrannt worden, so daß es nur in seltenen Fällen etwas Objektives gibt.«[110] Sie war »sklavisch gebunden« an das, was die Angehörigen mitteilten oder zur Veröffentlichung freigaben: »Ich bin ja durch die Wirklichkeit so gebunden, daß ich sozusagen nur eben die Finger zum Schreiben bewegen kann. Der Pegasus wird zum Ackergaul.«[111] Nicht ohne Grund fühlte sich Ricarda Huch manipuliert und zensiert.

Die Gegenwart ist eine strengere Herrscherin als die Vergangenheit. Das hat mit den Zeitzeugen zu tun, auf die Ricarda Huch angewiesen war, denn Material war nur über die Hinterbliebenen zu erlangen, eine von ihr mit Mißtrauen und Ungeduld betrachtete Abhängigkeit. Daß man Zeitzeugen nicht aufs Wort glauben darf, ist eine Erfahrung so alt wie die Geschichte, sie bremste den Höhenflug.

Wie gefährlich die Weitergabe von Informationen damals sein konnte und wie schwierig damit die Arbeit Ricarda Huchs, zeigt der Brief von Marie-Luise Schulze, der Mutter von Harro Schulze-Boysen, dem Kopf der sogenannten Roten

Kapelle, über dessen Frau Libertas. Beide wurden am 22. Dezember 1942 hingerichtet. Die Mutter betont in ihrem Brief vom 24. Februar 1947 an Ricarda Huch die »mannhafte und stolze« Haltung ihres Sohnes, der auch in der Folter nichts ausgesagt habe, was seinen Freunden hätte schaden können. »Seine Frau hingegen sei den furchtbaren Gestapo-Methoden und den schrecklichen Verhören nicht gewachsen gewesen. Sie habe – ob in der Folter? – Namen von Mitarbeitern verraten und dadurch viel Unheil angestiftet … Sie hat wiederholt geäußert, daß sie nicht zur Heldin und Märtyrerin geboren sei, und in den letzten Minuten ihres Lebens sich verzweifelt gewehrt und immer gerufen: ›Schont doch mein junges Leben!‹ – Wer will sie verurteilen? Sie war jung, schön und lebenshungrig, und es war wohl verkehrt, solchen jungen, impulsiven, sinnenfreudigen Menschen überhaupt in diese ernste politische Arbeit mit hineinzunehmen!« Und das Fazit: »Die Freunde sind darin übereingekommen, darüber Schweigen zu bewahren. Es wäre aber wohl nicht in ihrem Sinne, wenn Libertas jetzt als Heldin und Märtyrerin herausgestellt würde … Sie werden das verstehen!«

Ricarda Huch schloß sich mit einem kurzen Brief dieser Meinung an. Zwar habe sie die Schilderung erschüttert: »Man kann sich das Auf und Nieder der Empfindungen vorstellen«, doch auch ihrer Meinung nach gehöre Libertas sicherlich nicht »in die Reihe der Kämpfer gegen Hitler«[112].

Was weder die Mutter noch Ricarda Huch wissen konnten: Man hatte Libertas eine Denunziantin in die Zelle gesetzt, der sie vertrauensvoll Kassiber mit Namen von Freunden anvertraute, um sie zu warnen.

Aber weil Ricarda Huch die Wahrheit nicht kannte, übte sie lieber Zurückhaltung.

Die Arbeit machte ihr immer mehr zu schaffen, je mehr Zeit sie darüber verbrachte. Sie kam nicht weiter. Im Jahr 1947 häuften sich bei ihr, die sonst nie jammerte, die Klagen. Sie empfand die Arbeit als »sehr dornig«[113], immer wieder mußte sie feststellen, daß ihr noch irgendein Detail fehlte, dann mußte sie wieder Briefe schreiben, auf deren Beantwortung sie bei der katastrophalen Postzustellung vier Wochen zu warten hatte. Sie arbeitete an dem Buch nicht mehr gern und korrigierte sich sofort: »Ich tue es insofern gern, als mir daran liegt, das Gedächtnis der Toten sicherzustellen, – soweit das möglich ist –, und über das Parteigezänk herauszuheben. Aber meine eigentlichen Kräfte liegen brach, und außerdem wird mein Gedächtnis geschwächt durch die Überlastung mit Namen und Tatsachen. Immerhin, es ist tausendmal besser als immer auf das Gegenwärtige zu starren, das so hoffnungslos ist ...«[114]

Man spürt, es fehlte ihr an Kraft und Geduld, bei der einmal festgesetzten Sache zu bleiben. »Ich leide unter diesem Buche, je mehr ich daran arbeite«, schrieb sie, »es ist, wie wenn man mit gestutzten Flügeln fliegen oder mit Ketten an den Füßen gehen soll. Bei jedem Wort muß ich abwägen, ob es auch im Sinne der Angehörigen ist ...«[115]

Das Dilemma mit der Geschichte war nicht nur ein persönlicher Konflikt. Ihre Arbeit fiel in die Zeit der Geburt der Zeitgeschichte – ein historischer Augenblick in der Geschichte der Geschichte. Es war der Konkurs eines ganzen Volkes, der die Besatzungsmächte dazu ermächtigte, Verantwortliche zu verurteilen, Panzerschränke aufzubrechen und noch nicht vernichtete geheime Aufzeichnungen öffentlich zu machen, der auch bei Historikern zu einer Wende führte. Eine neue Situation für eine rückwärtsgewandte, dem Nationalsozialismus gegenüber zwiespältige Zunft.

Je mehr sich Ricarda Huch von ihrer früheren Arbeitsmethode entfernte, je dokumentarischer notgedrungen ihr die Arbeit geriet, desto größer ihr Dilemma mit der Gegenwart. Doch kann es überhaupt Geschichte geben ohne ein Dilemma mit der Gegenwart?

10

»Daß mir die Tränen übers Gesicht liefen«

Ricarda Huch im Gespräch, 1946

Dreimal fuhr Ricarda Huch mit Antje Lemke nach Berlin, um mit den Witwen der Widerstandskämpfer zu sprechen; sie schleppten und zogen ihre schweren Taschen, mit Lebensmitteln und mit Geschenken bepackt – Rübenkraut und sogar ein wenig Kaffee für Annedore Leber, Witwe des ermordeten Julius Leber –, vom Bahnhof zur S-Bahn und von der Haltestelle Zehlendorf zum Eggepfad, vorbei an zerbombten Laubenkolonien und Häuserruinen; sie stolperten über Schutt und Trümmerhaufen.

»… Berlin, die Trümmerstadt«, schrieb Ricarda Huch am 11. Oktober 1946 an Marie Baum. »Beschreiben kann man es nicht. Diese gigantischen Ruinen, grauenvoll, tragisch, – ich bemerkte plötzlich, daß mir die Tränen übers Gesicht liefen. Es ist unbeschreiblich erschütternd. Mitten durch diese tote Stadt laufen die Untergrundbahn und die S-Bahn wie sonst.«[116]

Jede zweite Wohnung war unbewohnbar, jedes dritte Haus Schutt und Asche. Trauer und Hoffnung und unvermutet Freude – Ricarda Huch fand schon ein Jahr später, im Juli 1947, dieses zerstörte Berlin, in dem das Leben auf gespenstische Weise weiterging, sogar mit einer gewissen Eleganz, wundervoll, empfand beinahe so etwas wie Poesie: »Es ist schwer zu sagen, warum es mir so gut gefällt, es ist die Atmosphäre, zum Teil ist es auch das Schauerliche, das eindrucksvoll ist. Diese Trümmerwelt gibt mit dem Leben dazwischen einen unbeschreiblich grausig-großartigen und zuweilen gespensti-

schen Akkord.« Man muß sich nur darauf einzustellen wissen.
»Wir ... mußten uns alles Essen für diese Zeit mitbringen; Du
kannst Dir vorstellen, was für Gepäck wir hatten«[117], schrieb
sie weiter an ihre Schweizer Freundin Elsbeth Merz.

»Aber wußten wir wirklich«, sagt Antje Lemke während unseres Gesprächs, »was es bedeutet, wenn der Mann und Vater
der Kinder hingerichtet wird? Geächtet und isoliert zu sein
und in Armut zu leben? Wir haben es erfahren.« Die Witwen
waren vom schrecklichen Ereignis und seinen Folgen derart in
Beschlag genommen, daß sie ihre Aufmerksamkeit kaum auf
Dinge richten konnten, die für Ricarda Huchs Arbeit von Bedeutung waren. »Zum Teil sind die Witwen der Ermordeten den heutigen Verhältnissen entsprechend so beschäftigt,
daß sie nicht so bald, wie wir möchten, zum Schreiben kommen.«[118] Viele lebten in Armut, hatten oft, um der »Sippen-
haft« zu entgehen, nach dem Gefängnis im Versteck überlebt,
waren nun abgeschnitten von ihrem sozialen Netz. Der Mord
an ihren Männern, die Zerstörung ihrer Häuser und Woh-
nungen, der Untergang jeglicher politischen Ordnung – all
das ließ in ihnen die Empfindung der Sinnlosigkeit entstehen.
Nach einer Phase totaler Orientierungslosigkeit lebten sie
nun mit ihren Kindern ein Leben als Außenseiterinnen und
versuchten, das Beste daraus zu machen.

Ricarda Huch und Antje Lemke wurden oft mit Freuden
empfangen, und Frauen, die nicht einmal die Mittel zum Heizen hatten, bewirteten sie mit Brot und Marmelade, holten ihre
Fotoalben, um ihre Erzählungen mit Bildern zu untermalen.
»Ihre Großzügigkeit und Tapferkeit gingen uns beinahe so
nahe wie ihre Erzählungen«, sagt Antje Lemke.

Ihre Geschichte, ihr Verlust, ihr Schmerz hatten keinen Anteil am öffentlich verbreiteten Bild vom Widerstand. Ihnen

blieb nur die Opferrolle, das Resultat eines verheerenden historischen Augenblicks. Sie waren traumatisiert und standen noch immer unter Schock. Sie hatten oft lange schweigen müssen, waren mit ihrem Leid allein, und auch nach Kriegsende wagten viele aus Angst vor Diffamierung und Verfolgung lange Zeit nicht, davon zu sprechen. Doch kaum traf Ricarda Huch ein und lieh ihnen ihr Ohr, eine Person ihrer Hochachtung und ihres Vertrauens, verspürten sie einen ungeheuren Mitteilungsdrang und konnten kaum aufhören, über das erlebte Inferno zu berichten. Die bittere Enttäuschung darüber, daß man den Widerstandskämpfern nach dem Krieg so wenig Achtung und Anerkennung schenkte, lud ihre Sätze mit Emotionen auf und tauchte das noch frische Bild der Ermordeten in grelle Farben. Starke Gefühle fördern selten sprachliche Genauigkeit.

Die Enkel der Widerstandskämpfer erinnern sich noch heute, wie eindrucksvoll die Begegnung ihrer Mütter mit Ricarda Huch gewesen ist: ihre Art des genauen Zuhörens, ihre unablässige Bereitschaft, Rede und Antwort zu stehen, und ihre Geduld.

Für die Zweiundachtzigjährige bedeuteten diese Begegnungen eine äußerste Anstrengung sowohl physisch wie psychisch. Antje Lemke berichtet, daß die sensible und diskrete Ricarda Huch, fern jeglicher journalistischer Routine, die weder zur Skepsis noch zur Leichtgläubigkeit neigte, angesichts des Leids und der Verzweiflung der Frauen in ein emotionales Dilemma geriet, das sie belastete. Ein Dilemma, das sie bei ihrer bisherigen Arbeit als Historikerin nicht gekannt hatte: Zugunsten der Wahrheitssuche ihr Mitgefühl und ihre schmerzliche Betroffenheit zurückstellen zu müssen. Und es nicht zu können.

Ein anderes Moment, ein Eindruck, der aus Antje Lemkes Schilderungen entsteht, war die Atmosphäre geteilten Leids, ein Gefühl eigentümlicher Geborgenheit inmitten größter Ungeborgenheit. Es waren diese Zwanglosigkeit und Offenheit, wie sie in ausgesetzten Situationen entstehen.

Klaus Harpprecht weist in seiner Biographie über den Gefängnispfarrer Harald Poelchau, der viele der zum Tode Verurteilten auf ihrem letzten Weg begleitet hat, darauf hin, daß die Witwen der Männer des 20. Juli allesamt bürgerlicher Herkunft waren, auch Marion von Yorck oder Barbara von Haeften – das mag zu der Zwanglosigkeit, die zwischen ihnen und den Besucherinnen herrschte, beigetragen haben.

Manchmal erlebten die Frauen dieses Zeugnisablegen auch als Befreiung, ja als Wiedergeburt. Endlich konnten sie ihr Leid nach außen kehren, konnten sich an Ricarda Huchs Schulter ausweinen und ihren Schmerz über die monatelange Ungewißheit, was mit ihren Männern geschehen war, abladen. Ricarda Huch muß dabei immer den rechten Ton gefunden haben. Wie schwer es für sie gewesen sein mag, hier einen Weg zu finden, kann der ermessen, der bei Freunden zum Tod eines geliebten Menschen nach Worten sucht. Der Tod eines Nächsten gehört zum Persönlichsten des Menschen, so daß sich das Wesentliche selbst einfühlsamen Fragen entzieht.

Freundschaften entstanden, und der Glaube der Frauen an ihr *Gedenkbuch* stärkte Ricarda Huch gegen die vielen Enttäuschungen, die ihr die Arbeit bereitete. Es muß bewegende Momente bei ihren Treffen in Berlin gegeben haben; die Offenheit einer Annedore Leber, Eva Olbricht, Agnes von Zahn-Harnack, Nelly Planck, Hedwig Lejeune-Jung und Marion Yorck von Wartenburg gab den Gesprächen eine besondere Tiefe.

Doch nicht immer war Ricarda Huch willkommen, manchmal stieß sie auf Ablehnung. »Ich glaube, daß es nicht ratsam ist«, schrieb Eta von Tresckow, die Witwe des Generalmajors Henning von Tresckow, die Ricarda Huch bat, ihren Plan vorläufig zurückzustellen, »in der augenblicklichen Situation der Gärung, wo jeder neue Funke nach irgendeiner Seite als Zündstoff wirkt, gerade im Interesse des Ansehens und Andenkens dieser Männer, ihr Sein, Tun und Wesen darzustellen.«[119]

Auch ein Treffen mit Clarita von Trott zu Solz und Freya von Moltke kam nicht zustande. Andererseits setzten diese geächteten Frauen, wie Antje Lemke berichtet, »all ihre Hoffnung auf Ricardas Buch, dem immer ihre erste Frage galt: Wann wird es endlich erscheinen? Denn das Schlimmste war, daß sich kaum jemand sonst für sie interessierte.«

Im Oktober 1946 erreichte Ricarda Huch ein Brief des nach Kalifornien emigrierten Professors Helmut Kuhn, der ihren Aufruf gelesen hatte. Er schrieb: »Manche dieser Toten werden Kinder hinterlassen haben, und diese Kinder sollten als eine große Kostbarkeit für Deutschland behütet werden – ein lebendiges Denkmal und zugleich ein Pfand der Zukunft. Ist für sie gesorgt? Haben sie genug zu essen, anzuziehen? Sind Erzieher da, die über ihnen wachen? Da die materielle Not in Deutschland so groß ist, sollte man hier in Amerika ein materielles Hilfswerk ›zum Fortleben der Märtyrer deutscher Freiheit in ihren Kindern‹ in die Wege leiten.«[120] Er bat um Adressen jener, denen eine solche Hilfe zuteil werden sollte.

Ricarda Huch war angetan von diesem Vorschlag, da es in Berlin bislang nur eine Kommission zur Betreuung der »Opfer des Faschismus« gab, die sich hauptsächlich der Häftlinge in den Konzentrationslagern annahm. Denn im Westen wie im Osten Deutschlands war die Not von Hinterbliebenen der »imperialistisch-restaurativen« Verschwörer – wie es in der SBZ hieß – groß. »Daß für die Hinterbliebenen der Hingerichteten so wenig geschieht«, schrieb sie an Helmut Kuhn zurück, »daß manchmal sogar rücksichtslos gegen sie vorgegangen wird – im Zuge der Bodenreform –, ist beschämend, aber teils durch die beispiellose Verarmung, teils durch die politische Lage zu erklären. Ich werde eine Liste von solchen zusammenstellen, denen Hilfe zu wünschen wäre ...«[121]

Bald darauf schlug Johannes Weyl, Herausgeber des *Südkurier*, Ricarda Huch vor, im »Hilfsfonds für die Hinterbliebenen der Männer des 20. Juli«, einem Teil des Evangelischen Hilfswerks, mitzuarbeiten.

Initiator des »Hilfsfonds« war der Widerständler Eugen Gerstenmaier, der Ricarda Huch ebenfalls bei ihrer Arbeit am *Gedenkbuch* mit Materialien unterstützte. Gerstenmaier, Mitglied des »Kreisauer Kreises«, hatte sich, von der Gewißheit durchdrungen zu überleben, im Gefängnis nicht nur geweigert, vor der Gerichtsverhandlung den obligaten Abschiedsbrief an seine Familie zu schreiben, sondern auch die Idee eines Hilfswerks für die Zeit nach dem Krieg entworfen, »seine Notizen mit gefesselten Händen auf ein Stück Papier kritzelnd«[122]. Der spätere Leiter des Evangelischen Hilfswerks hatte die Not und das Chaos, das die Hinterbliebenen erwarten würde, vorausgesehen.

Und so sammelten auch Ricarda Huch und Antje Lemke Spenden und schnürten Pakete mit Lebensmitteln und Kleidern. Jeder Sendung gingen, wie Antje Lemke erzählt, Überlegungen voraus, was für die Betreffende zu schicken sinnvoll war. Und da die seelische Not oft größer als die materielle

war, wurden jedem Paket Briefe beigelegt, persönliche, liebevolle, tröstliche Briefe, auf die Ricarda Huch viel Zeit verwandte.

Am 13. Juli 1946 antwortete Ricarda Huch Harald Poelchau,
der besorgt nach dem Stand ihrer Arbeit am *Gedenkbuch* ge-
fragt hatte: »Sie erkundigen sich nach meinem Manuskript?
Ach, das wird wohl noch lange nicht zu existieren angefangen
haben.«[123]

Tatsächlich begann sie erst Ende Mai 1947 mit der Nie-
derschrift der ersten Skizzen. Sie hinterließ uns, neben den
Lebensbildern der Mitglieder der »Weißen Rose«, *Hans und
Sophie Scholl, Kurt Huber, Christoph Probst, Alexander Schmorell*
und *Willi Graf*, die Charakteristika der Widerstandskämpfer
des 20. Juli: *Elisabeth von Thadden, Ernst von Harnack, Hans
Bernd von Haeften, Nikolaus Christoph von Halem, Klaus Bonhoeffer, Julius Leber, Theodor Haubach* und *Jean Paul Oster*.

Das, was die Historikerin Ricarda Huch in ihren letzten Lebensjahren erarbeiten konnte, war für sie anscheinend nicht
das letzte Wort. Man kann einem Zeitungsausschnitt, der sich
im Deutschen Literaturarchiv im Konvolut Antje Lemke befindet, entnehmen, daß sie durchaus auch kritische Fragen an
den Widerstand gestellt hat. Darin heißt es unter anderem:
»Was fast allen Führenden im Kampfe gegen Hitler fehlte, war
ein Schuß Höllenfeuer im Blute, das sie den Gegnern eben-
bürtig gemacht hätte. An Schlangenklugheit und Schlangen-
gefährlichkeit waren sie Hitler und seinen Genossen nicht gewachsen.«[124] Das Wort »Schlangenklugheit« ist aufschlußreich:
Weist es auf das eigene listige Verhalten während der Nazizeit
hin?

Ricarda Huch hatte ihr Leben beinah zu Ende gelebt, da

gewann der Tod an Fühlbarkeit. Das Alter sucht sich widerständige Leben als Begleiter, deren Ende mit dem eigenen zusammenfallen wird. Ricarda Huch hat dafür gesorgt, die Toten zum Weiterleben zu bringen. Das war ihr Geschenk nicht nur für diese Frauen, sondern auch für die moralische Landschaft Nachkriegsdeutschlands. In jedem ihrer Gespräche sind irgendwann die Toten erschienen.

Zerbrechliche Bilder sind uns verblieben, leicht und schwebend, doch sie halten noch immer stand.[125]

11
»In diesem Sklavenlande«

*Das Plakat der Gründungsversammlung des
Demokratischen Frauenbundes Deutschlands,
März 1947. Weder die Verwendung ihres Porträts noch
der Abdruck des Zitats waren mit Ricarda Huch
abgestimmt worden.*

Die Beharrlichkeit ist erstaunlich, mit der sie half, an einer menschlicheren Welt mitzubauen und am kulturellen Neuaufbau mitzuwirken, dem sie, trotz mancher Enttäuschung, nie völlig ihre Zuneigung entzogen hat. Ricarda Huch kam den Menschen immer näher und wirkte, je älter sie wurde, kein bißchen mehr tragisch oder pathetisch. Sie galt auch jüngeren Menschen als Anregerin für eine neue Art, die Verhältnisse zu sehen und anzupacken, ohne sich vereinnahmen zu lassen. Diese im hohen Alter errungene Gegenwärtigkeit ist ein seltenes Geschenk, das nicht mehr auf Leistung hin zu befragen ist.

Dennoch: Ricarda Huch hatte sich ihr Alter anders vorgestellt. In Ruhe und Beschaulichkeit wollte sie ihr Leben erzählen, hatte sich ausgemalt, es im hohen Alter, ruhevoll rückblickend, noch einmal zu durchleben und ihm Struktur zu geben. Doch davon konnte nicht die Rede sein, denn immer wieder drangen die selbstgewählten Anforderungen auf sie ein.

Man muß ihre Hartnäckigkeit bewundern. Was sie bereits im Dezember 1945 in der *Täglichen Rundschau* erklärt hatte, dabei ist sie geblieben: Ihr ging es um die Behauptung der Menschlichkeit in einer gefährdeten Welt. Aufklärung, die das Verbrecherische des Hitlerregimes aufzeigte – davon war sie überzeugt –, mußte gleichzeitig wegweisend und konstruktiv sein. Schließlich ging es um die Einstellung der Deutschen zu ihrer Vergangenheit überhaupt.

Sie wußte, daß sie in der SBZ eine Sonderstellung einnahm. Nicht nur die Vertreter des neu entstehenden Staates, auch die der sowjetischen Besatzungsmacht verehrten sie als Repräsentantin einer »demokratischen und dem Humanismus verpflichteten Kulturauffassung«[126]. Man druckte sie, hörte ihr zu, bezog sie in landespolitische Angelegenheiten mit ein, versah sie mit dem Heiligenschein der Antifaschistin, auch wenn sie als Abkömmling eines bürgerlich-idealistischen Lagers galt. Man machte ihr die Aufwartung wie der thüringische Landespräsident Rudolf Paul, umsorgte sie, verschaffte ihr Erleichterungen und war von Anfang an um ihr leibliches Wohl bemüht. Wie sie darauf reagierte, läßt sich am besten an einem Zitat erläutern:

»Gestern hatte ich Besuch von mehreren russischen Offizieren«, schrieb sie bereits am 5. Dezember 1945 an Marie Baum, »die mir im Auftrage des Kommandanten Kohlen anboten, damit ich die Zentralheizung in Gang halten kann. Sie fragten auch sonst nach meinen Wünschen, und ich kam mir vor wie der Mann im Märchen, dem drei Wünsche freigestellt sind und der lauter Verkehrtes wünscht. Aus Angst, es wieder so zu machen, wünschte ich gar nichts.«[127]

Sie konnte ihre Situation sehr genau einschätzen, denn SBZ und NS-Herrschaft hatten für sie eines gemeinsam: Man hofierte sie hier wie dort und beließ sie in einer zwiespältigen Position. In Ricarda Huch hatte sich ein bestimmter Verhaltensstil herausgebildet: Sie schaute erst einmal zu, beschwichtigte ihre Bedenken, doch hatte sie den Zusammenhang begriffen, handelte sie.

So erlebte sie den zunächst vielversprechenden Aufbau in der SBZ mit Begeisterung. Ihre erste Biographin Helene Baumgarten erklärt sich ihre Mitarbeit am »antifaschistisch-

demokratischen Neuaufbau« so: »Ricarda hat nach Kriegsende nur wenig mehr als zwei Jahre den Wiederaufbau erlebt.
Sie hat nach Maßgabe ihrer Kräfte und ihrer Überzeugungen
daran teilgenommen, denn seinen Zielen nach umfaßte er so
vieles, was ihrem Wunsche nach sozialer Gerechtigkeit und
nach Änderung der kulturellen und sozialen wirtschaftlichen
Verhältnisse entsprach. Eine klare Absage an den Nationalsozialismus, eine loyale Haltung im antifaschistisch-demokra-
tischen Sinne waren ihr eine Selbstverständlichkeit.«[128]
An den zwei in der SBZ verbrachten Jahren Ricarda Huchs
läßt sich verfolgen, wie sich eine ambivalente Situation auch
hier aufs neue durch ihr Leben zog. Einerseits war sie faszi-
niert von der Forderung nach sozialer Verantwortung des
Schriftstellers, andererseits zunehmend abgestoßen von den
massiven Einschränkungen, wenn sie selbst auch von den Aus-
wüchsen des Stalinismus verschont blieb.

Folgerichtig verhielt sich auch die SBZ ambivalent, die zwischen Privilegierung und Disziplinierung schwankte, sie einerseits begünstigte, andererseits gängelte, einerseits mit Ämtern
schmückte und andererseits zensierte und so für Ricarda
Huch eine Orientierung lange Zeit erschwerte. Die SBZ (wie
später die DDR) war der ideale Raum für gestörte Kommu-
nikation und hielt sie lange Zeit in einer Art Double-bind-
Situation.

Nach außen gab man sich als »Staat der Schriftsteller«[129].
Damit konnte sie sich identifizieren. Doch ihre Begeisterung
nahm im Laufe der Zeit merklich ab, und allmählich verstärk-
ten sich ihre Vorbehalte. Zusagen bei Ausreisegenehmigun-
gen in andere Zonen wurden in diesem »Sklavenlande«[130], wie
sie es nannte, zurückgezogen. Sie wurde zensiert. So fehlte das
Kapitel »Freiheit« in der Ausgabe der *Urphänomene*, ihr Bei-

trag zur Wiedereröffnung der Jenaer Universität wurde unterdrückt. Eine Auseinandersetzung mit ihrem Werk erfolgte nicht.

Sie richtete ihre Hoffnung auf die Gemeinderatswahlen in Jena im September 1946. Trotz einiger Skepsis beschäftigte sie der Wahlkampf, in dem sich auch Antje Lemke engagierte, sie hörte »einige gute Reden«, bis in die Nacht hinein: »Es herrscht hier ein brennendes Interesse, man bekommt bei den Versammlungen kaum einen Platz. Ich bekomme einen wegen des Alters und weil ich nun mal en vogue bin.«[131]

Die Beratende Landesversammlung am 8. September 1946 eröffnete sie mit den optimistischen Worten: »Wir befinden uns in dieser Versammlung auf der Schwelle der neuen Demokratie. Sie ist ein Zeichen, daß wir keine autoritäre Regierung haben, sondern eine solche, die in beständiger verpflichtender Berührung mit dem Volk sein will.«[132]

Skeptischer klingt, was sie ihrem Enkel mitteilte. »Wir sind sehr gespannt, wie die Landtagswahlen ausfallen«, schrieb sie an Alexander Böhm kurz nach dem Zusammenschluß von KPD und SPD zur SED, wodurch sich der Druck auf Parteien und Wähler erhöhte. »Ob die Leute Angst bekommen und befehlsgemäß wählen? ... Damit ist es noch nicht genug: die sämtlichen Professoren, die, nachdem sie abgesetzt waren, wieder eingesetzt wurden und lesen durften, sind wieder abgesetzt ... Das Gerücht geht: wenn die Landtagswahlen auch schlecht ausfallen, kommt es noch schlimmer.«[133]

Ob Ricarda Huch wirklich mit den Gründern der CDU von einem »wahren christlichen Sozialismus« träumte? Jedenfalls gab sie bei der Wahl im September 1946 ihre Stimme der Christlich Demokratischen Union, weil ihrer Meinung nach das Volk eines Haltes und einer religiösen Gesinnung bedurfte.

An Marie Baum schrieb Ricarda Huch unmittelbar nach deren Besuch in Jena im August 1946, daß sie »tief bestürzt von der Verschleppung unschuldiger junger Menschen«[134] gewesen sei. Ihrem Freund Ulrich Christoffel gegenüber beklagte die Schriftstellerin: »Ich bin aber jetzt prominent geworden, und das ist sehr zeitraubend. Ich bekomme fortwährend offizielle Besuche und offizielle Briefe, soll für die Studenten, oder für die Frauen, oder für die Wähler, oder für die Evakuierten ermunternde Aufrufe verfassen, tue es zwar nicht, muß aber erklären, warum ich es nicht tue.«[135] Dazu das ständige Fotografiertwerden. Sie meinte zu spüren, daß man sie nicht ganz für voll nahm: Aus Altersgründen behandle man sie wie kostbares venezianisches Glas, das jeden Augenblick zerbrechen kann.

Ältere Menschen kennen das sehr gut, was sie so deprimierend fand: Es erschütterte sie, in einen Zustand der Unangreifbarkeit zu geraten. »Wenn man so alt ist wie ich, sind die Leute im allgemeinen nett zu einem, teils aus Mitleid, teils aus scheuem Erstaunen, aber es hat doch große Nachteile, selbst wenn man leidlich gesund ist. Mir wenigstens geht es so, daß ich mir bewußt bin, daß ich nicht mehr viel Zeit vor mir habe und daß ich die Zeit für meine Arbeit nützen möchte und ärgerlich bin, wenn ich sie für allerlei unnützen Kram verwenden muß.«[136]

Ganz abgesehen davon, daß ihr immer mehr Zweifel kamen, ob Politik das für einen Dichter geeignete Betätigungsfeld ist, wie Antje Lemke berichtet: »Sie haßte es, Plattheiten sagen zu müssen, denn mehr Zeit wollte sie nicht drangeben, das machte sie ganz rabiat.«

Die Machtverhältnisse ließen ihr immer weniger Raum. Die politische Situation verschärfte sich. »In gewisser Hinsicht wäre ich lieber in der amerikanischen Zone, wo niemand etwas von mir will. Aber ich denke jetzt schon mit Schrecken an die Entrüstung, die hier ausbricht, wenn wir fortgehen. Und manchmal kriege ich Briefe von fremden Leuten, die mir danken, daß ich hiergeblieben bin, weil ihnen das ein Trost ist ...«[137]

Als sie 1946 endlich eine Ausreisegenehmigung erhielt, nahm sie sie nicht wahr – ein zu schwindelerregender Gedanke, alles im Stich zu lassen. Eine neue Möglichkeit zur Ausreise kam nicht wieder. Und nach dem Besuch bei ihren Freunden in der Schweiz im Oktober 1946 kehrte sie fristgemäß nach Jena zurück, schließlich hatten Freunde für ihre Rückkehr bürgen müssen.

Man darf die politische Bedeutung, die es für die Menschen wie auch für die neuen Machthaber hatte, daß sie in der SBZ ausharrte, nicht unterschätzen. Deshalb schob sie den Entschluß, die Ostzone zu verlassen, lange vor sich her und beobachtete erst einmal genau, wie es mit der SBZ weiterging. Sie warnte, so Antje Lemke, zum Beispiel vor der »Hofierung der Emigranten«, die nach und nach in die SBZ kamen. Dabei galt ihre Sympathie durchaus der liberalen Arbeit des Präsidenten des Kulturbundes, Johannes R. Becher, der mit den Großen der Literatur korrespondierte, um sie für diesen Staat zu gewinnen. Er warb nicht nur um die Vertreter der »äußeren«, auch um die der »inneren« Emigration, umschmeichelte Erich Kästner, Ernst Wiechert, Peter Huchel, kümmerte sich um Hans Fallada und reiste zu Gerhart Hauptmann. Die Ehrenvorsitzende Ricarda Huch ließ sich vom Landesvorsitzenden des Kulturbunds in Thüringen, Theodor Plievier, dafür gewinnen, nicht nur eine gemeinsam mit Rudolf Paul unterzeichnete Glückwunschadresse an Heinrich Mann zu seinem 75. Geburtstag zu unterzeichnen, sondern ihn auch zu bitten, nach Deutschland zurückzukehren. Man bot ihm eine Wohnung auf der Wartburg an.

Doch die Aufgaben und Ehrungen kamen zu spät. Ricarda Huch war zweiundachtzig, und es war ihr alles zuviel. Selbst die Gespräche über eine Gesamtausgabe ihrer Werke oder die Ehrendoktorwürde der Friedrich-Schiller-Universität bedrängten sie. Sie litt verstärkt unter ihrer wachsenden Empfindlichkeit gegenüber den größer werdenden Einschränkungen. Nein, die SBZ war nicht das Land, das ihr vorschwebte, und eine Kommunistin ist aus ihr nie geworden.

Ihr trotz innerer Widerstände waches Interesse jedoch wurde erheblich gestört, als sie sich mißbraucht sah. Schon 1945 hatte man ihren Beitrag *Der Grundwille des deutschen Volkes* für die Festschrift zur Wiedereröffnung der Universität Jena, in dem sie sich mit ihrer Freiheitsidee auseinandersetzte, nicht gedruckt, hatte vielmehr, ohne sie zu unterrichten, die erste Auflage eingestampft und durch eine Neuauflage ohne ihren Artikel ersetzt. Nun hatte der Demokratische Frauenbund, dessen Präsidentschaft sie abgelehnt hatte, woraufhin sie flugs zur Ehrenpräsidentin ernannt wurde, ohne ihr Wissen für die Gründungsversammlung im März 1947 auf einem Plakat mit ihr geworben. Das Plakat mit ihrem Bild und ihrem Zitat »Wer rückwärts sieht, gibt sich verloren, wer lebt und leben will, muß vorwärts sehen!«, das sie auf Bahnhöfen und Plätzen entdeckte, erweckte den Eindruck, als sei sie so etwas wie eine Anhängerin der proletarischen Frauenbewegung. Sie war empört, denn sie ließ sich weder politisch mißbrauchen noch disziplinieren. Ihr Zorn ging bald über in Hoffnungslosigkeit und geistige Erschöpfung. Sie fühlte sich zerrissen, schlief schlecht, war nervös, hatte Magenschmerzen. Wollte und konnte sie weiterhin in diesem Land leben?

Ihr Schwiegersohn Franz Böhm hatte sich bereits nach seinem ersten Besuch in Jena um eine Ausreisegenehmigung für seine lebenslustige Frau, mit der er endlich wieder zusammenleben wollte, für seine Schwiegermutter und Antje Lemke bemüht und an den Chef der Sowjetischen Militärverwaltung Thüringen, Generalmajor Kolesnitschenko, geschrieben: »Ich habe den Wunsch, mit meiner Familie wieder vereint zu sein. Meine Schwiegermutter lebt seit 1927 in meinem Haushalt, da sie in ihrem hohen Alter auf die Pflege ihrer Tochter angewiesen ist. Sie bedarf nach ärztlicher Vorschrift seit Jahrzehnten einer besonderen Diät. In den letzten Jahren hat ihr Augenlicht stark abgenommen; es ist heute nicht mehr möglich, daß sie sich von ihrer Tochter trennt. Frau Lemke ist im Jahre 1944 auf unsere Veranlassung nach Jena gezogen und lebt seit dieser Zeit in unserer Hausgemeinschaft. Sie hat meiner Schwiegermutter in den letzten Jahren wichtige Sekretärinnendienste geleistet und ist ihr unentbehrlich geworden. Ich wäre Ihnen, sehr geehrter Herr General, zu großem Dank verbunden, wenn es Ihnen möglich wäre, den drei Frauen die Ausreise zu gestatten.«[138] Die Ausreise war jedoch weder 1945 noch 1946 genehmigt worden.

Ricarda Huch schauderte schon allein bei dem Gedanken, das Land heimlich zu verlassen. Sie fühlte sich überfordert und neuer Schutzlosigkeit preisgegeben. Nicht nur geben totalitäre Regime einen gewissen Schutz, sie war nach wie vor gefühlsmäßig an die SBZ gebunden. Vor allem wollte sie ihre Freunde nicht verlassen. Die politischen Verhältnisse weckten, wie in den Zeiten der NS-Diktatur, das Bedürfnis der

Menschen, näher zusammenzurücken. Vielen erging es, als Ricarda Huch tatsächlich gegangen war, wie Dorothea Dove: Sie verloren eine Zeitlang die Orientierung.

Ricarda Huchs Zwiespalt hatte vermutlich noch andere Gründe, zu denen sie sich schriftlich nicht geäußert hat. Zweifellos war sie durch Franz Böhm, der 1945/46 hessischer Kultusminister war und der sie ab und zu in Jena besuchte, über die Vorbereitungen zur Entnazifizierung und zu den großen Kriegsverbrecherprozessen und Nachkriegsverfahren in den Westzonen unterrichtet. Auch daß man dort allmählich die Taten der Widerstandskämpfer wahrnahm, war ihr bekannt. Die Gespräche mit Franz Böhm und sein Optimismus, daß im Westen eine deutsche Demokratie entstehen würde, haben sicherlich bewirkt, daß Ricarda Huch nach und nach ihren Blick korrigierte und die Westzonen weniger kritisch sah.

Sie beschäftigte, so Alexander Böhm im Gespräch, die ernste Frage: Was war dran an der Behauptung der SBZ, ein anderes Deutschland, einen antifaschistischen Staat aufzubauen? Was war bis jetzt geschehen? Stellte man sich seiner politischen Verantwortung der Vergangenheit gegenüber, oder schanzte man sie letztlich dem Westen zu? Die großen Kriegsverbrecherprozesse fanden vor allem dort statt, Naziverbrecher, die in der SBZ lebten, wurden nur zum Teil von den Sowjets belangt. Was tat man für die Angehörigen des Widerstands? War die sowjetische Besatzungsmacht, die alles wußte und diktierte, imstande, die »Selbstreinigungskräfte« der Menschen zu mobilisieren? Herrschten nicht letztlich im Osten der gleiche Gefühlsmangel, die gleiche Interesselosigkeit der Vergangenheit gegenüber wie im Westen?

Gewiß war es in jener Zeit für Ricarda Huch kaum absehbar, wohin sich die spätere Deutsche Demokratische Republik entwickeln würde, doch die ersten Anzeichen, daß die SBZ einer neuen Diktatur zutreiben könnte, waren für sie bereits erkennbar.

Ihr eigenes Bedürfnis nach Menschlichkeit erschien ihr immer absurder: »... Du ahnst nicht, wie unendlich schwer alles in diesem Sklavenlande ist«, schrieb sie am 27. Juli 1947 an Elsbeth Merz. »Man ist ebenso gefesselt, wie man die zwölf Jahre vorher war. Das Hoffnungslose und wahrhaft Verzweifelte unserer Lage ist manchmal sehr deprimierend.«[139]

Geleitet von einer tiefen Solidarität mit der SBZ, wollte Ricarda Huch jedoch keine Fahnenflüchtige sein, abgesehen davon, daß sie die Vorstellung, als Schriftstellerin mit dreiundachtzig Jahren in den Westzonen wieder neu anfangen zu müssen, mit Unruhe und Sorge erfüllte.

Zwar gehörte sie zu den Autoren, die im Westen wieder aufgelegt wurden, doch ihre neue Identität war dort so gut wie unbekannt. Wie Alexander Böhm im Gespräch meint, war sie klarsichtig genug, um zu wissen, daß sie im Westen nur Fuß fassen würde, wenn sie bereit wäre, ihrem neuerworbenen Ich abzuschwören. Zweifellos aber geriete sie in einen ideologischen Schlagabtausch, am Ende sähe man in ihr gar eine »kommunistische Gefahr«. Die deutsche Spaltung, wenn man so will, hatte bereits begonnen, die Anfänge des Kalten Kriegs waren bereits deutlich.

Andererseits: Warum hat sich niemand in den Westzonen für eine Autorin wie Ricarda Huch interessiert? Aber wem hätte sie sich anschließen können? Mit den »Kahlschlägern«, wie Wolfgang Weyrauch die radikalen jungen Autoren in seiner Anthologie *Tausend Gramm* nannte, hatte sie schon aus Altersgründen nichts zu tun.

Zudem zeichneten sich die ersten Konflikte zwischen den

Emigranten und den in Deutschland gebliebenen Schriftstellern ab; das heftig diskutierte Thema der »Inneren Emigration« beschäftigte auch Ricarda Huch.

Im August 1945 hatte Walter von Molo, konservativer Verfasser von historischen Romanen, einen offenen Brief an Thomas Mann in der *Münchner Zeitung* veröffentlicht. »Bitte kommen Sie bald«, hieß es darin, »sehen Sie in unsere von Gram zerfurchten Gesichter, sehen Sie das unsagbare Leid in den Augen von vielen ... Kommen Sie bald wie ein guter Arzt ...« Und weiter: »Ihr Volk, das nunmehr seit einem Dritteljahrhundert hungert und leidet, hat im innersten Kern nichts gemein mit den Missetaten und Verbrechen, den schmachvollen Greueln und Lügen, den furchtbaren Verirrungen Kranker.«[140]

Frank Thieß doppelte dann mit seinem berüchtigten Artikel *Über die innere Emigration* in der *Münchner Zeitung* vom 18. August 1945 nach, indem er schrieb, daß er sein Glas auf jene erhebe, die nach innen emigriert seien, sie hätten mehr gelitten als die draußen.

Thomas Mann antwortete im September 1945 mit seiner öffentlichen Stellungnahme *Warum ich nicht nach Deutschland zurückkehre*. Er bezweifle, daß er als alter Mann etwas dazu beitragen könne, die Deutschen wieder aufzurichten, die sich in eine »heillose Lage« gebracht hatten, und fügte jenen Satz hinzu, der noch heute diskutiert wird: »Es mag Aberglaube sein, aber in meinen Augen sind Bücher, die von 1933 bis 1945 in Deutschland überhaupt gedruckt werden konnten, weniger als wertlos und nicht gut in die Hand zu nehmen. Ein Geruch von Blut und Schande haftet ihnen an; sie sollten alle eingestampft werden.«[141]

Nun wurde auch Ricarda Huch von Gerhard Szczesny, Herausgeber der Zeitschrift *Der Schriftsteller*, um einen Beitrag zum Thema »Innere Emigration« gebeten. Am 6. August 1947 fragte Szczesny: »... gibt es eine Entschuldigung dafür, daß deutsche Schriftsteller während der vergangenen zwölf Jahre in Deutschland geblieben sind und weiter publiziert haben? Haben sie den Nazismus gefördert und seine Lebensdauer verlängert oder haben sie – dies steht zur Diskussion – vielleicht sogar dazu beigetragen, die Tiefenwirkung seiner verbrecherischen Mentalität zu paralysieren und die auch im Deutschen unleugbar vorhandenen menschlichen Werte zu bewahren und über jene Jahre hinweg in diese Zukunft zu tragen.«[142]

Ricarda Huch lehnte am 29. August 1947 empört eine Antwort ab. »Für mich heißt die Frage: Gibt es eine Entschuldigung für die Deutschen, die Deutschland während der vergangenen 12 Jahre verlassen haben?« Sie setzte hinzu, daß dies natürlich Deutsche betreffe, die weder Juden noch unmittelbar bedroht gewesen seien, und fuhr fort: »Auf die Frage ... würde ich niemals öffentlich antworten, besonders nicht, wenn gleichzeitig Emigranten an der Beantwortung sich beteiligen.«[143]

Daß Ricarda Huch tief verletzt war, ist verständlich. Auch für sie wie für alle anderen Autoren galt, was Alexander Abusch im *Aufbau* schrieb: »Das Gespräch zwischen jenen, welche die zwölf Jahre in Deutschland erlebten und erlitten, und den aus der Fremde Zurückgekehrten steht noch an seinem Anfang.«[144] Abusch aber gestand in diesem Artikel bereits weder der Literatur der äußeren noch der inneren Emigration zu, »die« deutsche Literatur zu sein, und plädierte für die »Schaffung der einen, wirklich volksverbundenen Literatur«. Der Konflikt auf dem Ersten Deutschen Schriftstellerkongreß, bei

dem exilierte und daheimgebliebene Autoren aufeinander-
trafen, war bereits vorprogrammiert.

Bei der Frage, ob Ricarda Huch Jena verlassen oder bleiben
sollte, gab schließlich die Vernunft den Ausschlag: Sie war zu
alt, um allein zurechtzukommen, und ihre Tochter strebte zu
Mann und Sohn – sie hatte nicht das Recht, sie länger fern-
zuhalten. Der Zeitpunkt wurde durch die Bitte Johannes R.
Bechers, das Ehrenpräsidium beim Ersten Deutschen Schriftstellerkongreß, der vom 4. bis 8. Oktober 1947 stattfinden
sollte, zu übernehmen, bestimmt. Sie sagte zu, weil sie diese
Aufgabe mit Stolz erfüllte, aber auch, weil sich ihr, Marietta
Böhm und Antje Lemke damit endlich eine Möglichkeit bot,
in den Westen zu gelangen.

Als sie zudem erfuhr, daß der offizielle Ausreiseantrag Franz
Böhms zum zweiten Mal abgewiesen worden war, weil man
eine so prominente Persönlichkeit nicht ziehen lassen wollte,
weckte das ihren Widerstand: Nun wollte sie unbedingt fort.
Außerdem war es einsam um sie geworden. Rudolf Paul und
Theodor Plievier hatten Jena verlassen. Auch Joseph Caspar
Witsch, der Verleger, und Heinrich Troeger, der Oberbürgermeister, verließen Jena im September 1947, weil sie in der SBZ
keine Wirkungsmöglichkeit mehr sahen. Zusammen mit anderen Prominenten wie Max Schmeling und Mary Wigman
flohen sie von Berlin aus mit Hilfe der amerikanischen Militärverwaltung in den Westen.

Als dies bekannt wurde, mußte Antje Lemkes Plan aufgege-
ben werden. Sie hatte über eine Freundin, die amerikanische
Kunsthistorikerin Elizabeth Holt, organisiert, daß ein ameri-
kanisches Flugzeug unmittelbar nach dem Kongreß die drei
Frauen in den Westen bringen sollte. Da die Russen drohten,

der für November geplanten Außenministerkonferenz fern-
zubleiben, falls weiteren Persönlichkeiten zur Flucht verhol-
fen würde, blieb nur die Möglichkeit, Plätze in einem britischen Militärzug zu arrangieren.

Ein schmerzlicher Abschied von Jena, der Ricarda Huch in
seiner Heimlichkeit schmählich vorkam. Nur Dorothea Dove
wußte davon, mit der sie eine »innige Abschiedsstunde«, wie
diese berichtet, verbrachte. »Sie war in der Dunkelheit ein
Licht, ein Licht, das im Verborgenen leuchtete.« Ricarda Huch
verließ ihre geistige Heimat voll Wagemut und voll Verzweiflung, als fühlte sie, daß ihr diesmal die Kraft zur vitalen Erneuerung nicht mehr gegeben war.

Ricarda Huch hat sich ohne ein Abschiedswort aus Jena da-
vongestohlen, was sie würdelos fand und sie bedrückte. Die
Enttäuschung, die sie damit vielen Menschen bereitete, hat sie
mit Schuldgefühlen erfüllt. Ihr Weggang war keine Flucht –
die Verflechtung der verschiedenen Umstände macht deutlich, daß dieses Wort nicht auf sie angewendet werden kann.
Alles in ihr sträubte sich dagegen, sich im Westen als Flücht-
ling aus der SBZ mißbrauchen zu lassen.

Ricarda Huch hat nach ihrer Ankunft im Westen drei Briefe
geschrieben. In ihrem Abschiedsbrief an Annemarie Dahlet,
ihre Nachbarin in Jena, heißt es: »Seit ich von Jena fort bin,
schreibe ich Ihnen in Gedanken immerzu, und dabei kommen mir die Tränen. Manchmal dachte ich, Sie wüßten, daß
wir nicht wiederkommen – sagen durfte ich es Ihnen nicht,
und ich weiß auch nicht, wie ich das ausgehalten hätte. Daß es
sein mußte, begreift niemand besser als Sie ...«[145]

Den zweiten Brief richtete sie an den russischen Befehls-
haber Kolesnitschenko. Darin betont sie, daß sie aus privaten
Gründen zu diesem Schritt gezwungen gewesen sei, und bat

höflich um die Erlaubnis, in den kommenden Jahren einige Ferienwochen in der russischen Zone verbringen zu dürfen.

Der dritte Brief mit ihrer zarten Vogelspuren-Schrift ging an Johannes R. Becher, kurze, dankbare Zeilen. Er war auf dem II. Parteitag der SED im September 1947 aus dem Vorstand abgewählt worden und hatte größte Schwierigkeiten, das Programm des Ersten Deutschen Schriftstellerkongresses durchzusetzen. Und er war es, der auch Antje Lemke außerordentlich schätzte. In ihr sah er den »Inbegriff des letzten Guten und Anständigen, das uns noch verblieben ist«[146]. Ricarda Huch wußte durch sie, daß auch er lieber das Land verlassen hätte, nur wußte er nicht, wohin.

Ein formvollendeter Abschied von einem Land, dem sie trotz wachsenden Drucks dankbar war für die Möglichkeiten der Entfaltung, die man ihr geboten hatte. Vor allem aber war es ein Ort gewesen, an dem sie ihr Widerstandsprojekt hatte beginnen, aber nicht, wie erhofft, hatte abschließen können. Sie war sich bewußt, was sie hinter sich ließ und wieviel Kraft es erfordern würde, sich noch einmal, ein letztes Mal, an einem neuen Ort zurechtzufinden, in einem Land, in dem bereits die Konservativen anfingen, die Politik und den Alltag zu bestimmen.

Traurig verließ sie das Haus am Oberen Philosophenweg, in ihrer Tasche das Manuskript, ihr *Gedenkbuch* über den Widerstand.

Johannes R. Becher ließ die Ehrenpräsidentin Ricarda Huch und ihre Tochter Marietta Böhm mit einem schwarzen Horch von Jena zum Kurfürstendamm bringen; dort, vor dem kleinen Hotel in der Bleibtreustraße, wartete der Chauffeur jeden Tag, nicht nur aus Höflichkeit.

Währenddessen schmuggelte Antje Lemke Ricarda Huchs

Habe, die Kleider, Bücher und Manuskripte, ihre kleine Menagerie aus Glas und ihre eigene Geige gegen Zahlung einer Bestechung von 5000 Mark mit einem Lastwagen der Firma Zeiss aus der SBZ, Antje Lemke wie ein Fakir in einer vernagelten Kiste unter optischen Geräten versteckt.

Am 5. Oktober 1947, einem Sonntag, eröffnete Ricarda Huch den Ersten Deutschen Schriftstellerkongreß in Berlin.

12
»Ich sitze in einem Prunksessel und tue nichts«

*Ricarda Huch während ihrer Ansprache auf
der Gedenkfeier im Hebbel-Theater in Berlin
am 5. Oktober 1947 anläßlich des
Ersten Deutschen Schriftstellerkongresses.*

Hocherhobenen Hauptes stand Ricarda Huch vorn auf dem Podium, aufrecht, das erzitternde und wie aufgeplusterte Silberhaar legte eine Art Heiligenschein um ihr Gesicht. Die Bluse hochgeschlossen, mit schwingender Seidenschleife um den Hals, die junggebliebenen Eulenaugen skeptisch und wachsam unter hochgezogenen Brauen, eröffnete sie mit ihrer Jungmädchenstimme am 5. Oktober 1947 als Ehrenpräsidentin den Ersten Deutschen Schriftstellerkongreß im Hebbel-Theater in Berlin. Stolz und würdevoll, in einer schwarzen Samtjacke zierlich und elegant, vor sich das aufgebaute Mikrofon, das von feinen Runzeln überzogene Gesicht an den Wangen ein wenig nach unten fließend, schaute sie ihr Publikum heiter und gütig an, die schmaler gewordenen Lippen antworteten unmerklich auf das Lächeln in ihren Augen.

Ihre Unantastbarkeit und Integrität, ihre Mitarbeit am demokratischen Aufbau und nicht zuletzt ihre Arbeit am *Gedenkbuch* zum Widerstand hatten ihr diese Ehrenposition eingetragen. Es besagte ein Vertrauen, ein Zutrauen, daß in einer Zeit, in der die Weichen für später gestellt wurden, bei Ricarda Huch alles in besten Händen war. Den Ausschlag hatte sicherlich ihre Haltung zur inneren und äußeren Emigration gegeben, eines der Themen dieses Kongresses, der sich auch der Frage nach der sozialen Verantwortung des Schriftstellers und dem Zustand der Sprache stellen wollte. Ihrer ausgleichenden Persönlichkeit, ihrem politischen Engagement und nicht zuletzt ihrem Ja zur Öffentlichkeit traute man es zu, in dieser unruhigen Zeit des beginnenden Stalinismus unangefochten die Ehrenpräsidentschaft dieses heiklen Treffens zu übernehmen.

»Unter den Dichtern, die das deutsche Schicksal mit uns durchlitten hatten«, berichtete die Schriftstellerin Hertha von Gebhardt später, »war sie die älteste und eine untadelige Erscheinung. Sie wußte, daß wir sie brauchten, als ein Menschenbild, ein Inbild, als ein Vorbild. Und darum versagte sie sich nicht.«[147]

Es ist viel von Ehrfurcht und Würde in den Berichten über Ricarda Huchs Kongreßauftritt zu lesen, so ganz glaubt man ihnen nicht. Waren das nicht auch Äußerungen der Erleichterung, weil man meinte, mit ihr gefahrlos diese Gratwanderung zu überstehen? War das Ganze nicht geschickt inszeniert? Ehrte man nicht in ihr die »Späte von Goethes Stamm – vielfältig begabt und schwer beladen und vom Schicksal hart geschüttelt«[148], wie Gerhart Pohl pathetisch in seinem Nachruf schrieb? Pries man nicht, wie der linke Schriftsteller Ehm Welk verkündete, »die 83jährige Nestorin der deutschen Literatur«, grüßte man nicht »in Ehrfurcht einen universellen menschlichen Geist, der in der Gestalt einer einzigartigen Frau wirkte, der größten, welche die deutsche Erde trug: Dichterin, Historikerin, Philosophin, Christin und Weib in einem großartigen Zusammenwirken«[149]?

Man nutzte Ricarda Huchs Ruhm für eigene Zwecke, daß es uns heute peinlich berührt, und Ricarda Huch schien davon etwas zu spüren. »Wie wenig Talent ich für solche Veranstaltungen habe, weißt Du; es war aber doch manches Hübsche dabei, auch hatte ich das Gefühl, daß der weiße Elephant

nicht nur angestarrt, sondern auch geliebt wurde.«¹⁵⁰ Doch so
harmlos, wie sie es hier in ihrem Brief an Marie Baum vom
16. Oktober 1947 darstellte, war die Sache nicht.

Es war ein politisches Treffen. Rund 300 Teilnehmer aus
allen vier Besatzungszonen Deutschlands und Gäste aus Ju-
goslawien, der UdSSR und der Tschechoslowakei waren zu-
sammengekommen, Autorinnen und Autoren, Journalisten
und Verleger. Der Konflikt war angesichts der McCarthy-Aus-
schüsse gegen »unamerikanische Aktivitäten« in den USA vorprogrammiert. Das neue Feindbild des Westens hieß Kom-
munismus.

Alle Augen waren auf sie gerichtet, in diesem mahagoni-
getäfelten Raum des Hebbel-Theaters mit seiner Wandbe-
spannung aus roter Seide, zerschlissen und notdürftig vom
Schutt gereinigt. Hinter ihr die große Tafel mit den Namen
jener Schriftsteller und Intellektuellen, die Opfer von Krieg
und NS-Herrschaft geworden waren, manche fehlerhaft geschrieben. Erich Mühsam, der Mitbegründer der Bayerischen
Räterepublik und im KZ Oranienburg ermordet, Albrecht
Haushofer, Lyriker und Dramatiker, kurz vor Kriegsende von
der SS umgebracht, der Pazifist Carl von Ossietzky, Herausgeber der *Weltbühne* und Friedensnobelpreisträger, 1938 an den
Folgen der KZ-Haft in Esterwegen gestorben, der Chirurg und
Schriftsteller Ernst Weiß, der nach Paris emigrierte und dort
Selbstmord beging, als die deutschen Truppen einmarschier-
ten, Ernst Toller, der Anhänger eines »ethischen Sozialismus«,
der sich 1939 in New York erhängte, Arnim T. Wegner, der unter den Opfern aufgeführt war, aber noch lebte, und die vielen anderen.

Hinter ihr die Toten – vor ihr die Davongekommenen.

Die Kriterien für die Einladungen waren zuvor heftig

diskutiert worden. Autoren aller demokratischen politischen Richtungen sollten sich in Berlin versammeln, Autoren, die in Deutschland gelebt und keine Zugeständnisse an die Naziherrschaft gemacht hatten, Schriftsteller, die sich im Widerstand befunden hatten, ebenso wie jene, die im Ausland lebten, aber auch die Wortführer der Diskussion um die »innere Emigration« wie Frank Thieß und Walter von Molo.

Noch bevor Ricarda Huch begann, brandete Beifall auf. »Es ist mir ein Bedürfnis, meine Freude darüber auszusprechen, daß Schriftsteller aus den westlichen Zonen so zahlreich sich eingefunden haben. Das gibt uns das Gefühl, in Deutschland zu sein, nicht nur in einem Teil von Deutschland, sondern im ganzen einigen Deutschland.«[151] Wieder erhob sich rauschender Beifall. Schnell hatte sie ihr Thema, das Leitmotiv des Kongresses, vorgegeben. Ihre Beschwörung des »ganzen einigen Deutschland«, in dem sie den Schriftstellern eine führende Rolle zuwies, denn sie hatten eine »besondere Beziehung zur Einheit, und zwar durch die Sprache … die Dichter und Schriftsteller sind ja die Verwalter der Sprache. Sie bewahren und erneuern die Sprache. Sie bewegen mit ihrer Sprache die Herzen und lenken die Geister. Und durch die Sprache sind sie auch Verwalter des Geistes; denn ›die Sprache ist ja die Scheide, in der das Messer des Geistes steckt‹.« Sie versuchte damit, Abgründe zu schließen, die sich zwischen den Zonen aufgetan hatten. Es war immer im Sinne Ricarda Huchs gewesen, Gegensätze zu versöhnen, das berührte ein zerrissenes Publikum.

Die Sehnsucht nach Übereinstimmung prägte zunächst das Treffen, bei dem die Emigranten auf die Daheimgebliebenen stießen. Die Erfahrungen der Schriftsteller, ob sie im Exil waren, in den Lagern, im Untergrund oder ob sie, wie Ricarda

Huch, »am Platze« geblieben waren, konnten unterschiedlicher nicht sein. Nicht zuletzt war der erste Tag des Kongresses dem Widerstand gewidmet, wichtig angesichts eines Nullpunkt-Denkens, »das die historischen Prämissen noch mehr zur Seite schob, als es ohnehin nach dem Krieg geschehen war«[152].

Sie blickte kaum auf ihren Text. Sie sprach frei, unbefangen, eindringlich, schlicht, überlegen, obwohl es ihr eine Qual war, vor einer Versammlung zu sprechen. Diesmal war sie genötigt worden, ihre Begrüßungsrede schriftlich auszuformulieren. Schon beim ersten Satz wurde sie von Mitgliedern des Schutzverbandes Deutscher Autoren in der Gewerkschaft für Kunst und Schrifttum – und damit im Sinne der Sowjetischen Militäradministration –, dem Gastgeber des Kongresses, zuvor um eine »kleine Korrektur« gebeten. Nicht Schriftsteller »aus allen Zonen«, wie sie ursprünglich sagen wollte, wurde ihr zugestanden, sondern »Schriftsteller aus den westlichen Zonen« nahegelegt. Und dies, obwohl sie jeden Satz dreimal gewendet und mit Antje Lemke den Text wiederholt durchgesprochen hatte: »Wir konnten nichts Anstößiges daran finden«, so Antje Lemke.

Ricarda Huchs Bedürfnis, das Ihre gegen die Spaltung Deutschlands zu tun, ihren Gedanken von der »geistigen Einheit« einzubringen und damit die befürchtete Teilung Deutschlands aufzuhalten, war übermächtig und ließ sie bei dieser Zensur die Konzession machen. Abgesehen davon, daß sie in der SBZ Erfahrungen gesammelt hatte, was die Repräsentation der »demokratischen deutschen Literatur« betraf, und sich keine Illusionen machte, daß der Kongreß bis ins Detail von den Vorgaben des Schutzverbandes Deutscher Autoren bestimmt wurde.

Während sie sprach, blickte sie die Versammelten an. Sie wußte, welche Schwierigkeiten Johannes R. Becher mit dem Programm des Kongresses hatte, dessen Durchsetzung er ohne die Unterstützung von Günther Weisenborn und Alfred Kantorowicz nicht geschafft hätte. Ihr Blick glitt über die zarten Züge Elisabeth Langgässers, umrahmt von schwerem dunklem Haar. Mit Interesse musterte sie Günther Weisenborns markantes Gesicht, seine hagere Gestalt. Der kleine schmale Hans Mayer. Die rustikale Schönheit der Kommunistin Anna Seghers, zurück aus dem mexikanischen Exil. Der zierliche Klaus Gysi, Chefredakteur des *Aufbau*. Die schweißüberströmte Stirn von Johannes R. Becher. Die scharf gewordenen Züge von Alfred Kantorowicz und Friedrich Wolf. Wenig junge Autoren, darunter Wolfgang Harich und Stephan Hermlin. Mit Freude stellte sie fest, daß Alfred Döblin, der sich in Baden-Baden als Major der französischen Armee um neues literarisches Leben bemühte, gekommen war. Tags zuvor hatten sie sich in der Bleibtreustraße getroffen. Er habe nicht vor, in der Uniform des französischen Kulturoffiziers zu erscheinen, hatte er angekündigt. Also konnte er sein Mißtrauen gegen deutsche Aktivitäten besiegen? Niemand, auch Döblin nicht, wußte, daß sie nicht nach Jena zurückkehren würde.

Andere hatten abgesagt. Oskar Maria Graf hatte kein Geld, um die teuren Reisekosten von New York aus aufzubringen: »Ich habe nicht einmal soviel Geld, um ein Absagetelegramm an Sie zu senden.« Zudem hatte er als juristisch Staatenloser Bedenken auszureisen: »Bleibe da, wo man dich duldet, und verhalte dich entsprechend.«[153] Auch Leonhard Frank aus New York und Ernst Bloch aus Cambridge hatten abgesagt. Arnold Zweig aus Haifa schrieb, daß es ihm gesundheitliche wie wirtschaftliche Gründe unmöglich machten, »in unser gemartertes Europa und sein zerstücktes deutsches Herz zu fahren oder zu fliegen«[154]. Heinrich Mann teilte lakonisch mit, er wisse nicht wohin auf diesem einst herrlichen Kontinent. Erich Kästner und Hans Werner Richter, der mit der Gründung der »Gruppe 47« und der Überwindung ästhetischer Hypotheken beschäftigt war, kamen nicht. Bertolt Brecht hatte andere Sorgen: Er war mit der Vorbereitung zu seiner Anhörung vor dem McCarthy-Ausschuß für »Unamerikanische Umtriebe« in Washington ausgelastet. Und für Thomas Mann stand längst fest, daß er in Deutschland keine Heimat mehr finden würde. Er hatte sich trotz dringender Einladungen im Mai 1947 geweigert, seinen Europabesuch auf Deutschland auszudehnen, abgestoßen von der »Verkommenheit und bösen Hoffnungslosigkeit des Landes«[155]. Er würde erst ein Jahr später zu seiner ersten spektakulären Deutschlandreise nach Weimar und Frankfurt aufbrechen.

Nach wenigen Sätzen war Ricarda Huch bei ihrem Hauptanliegen, dem Wunsch nach einem nationalen Bewußtsein: »Man hat uns Deutschen ein zu starkes Nationalgefühl vorgeworfen. Ich glaube eher, daß unser Nationalgefühl zu schwach ist, oder richtiger gesagt: bald zu schwach und bald zu stark. Und ich glaube, das liegt an dem historischen Erbe, das uns zuteil geworden ist. In den Anfängen unserer Geschichte übernahmen die Deutschen im Verein mit den Italienern den römischen Weltreichgedanken, und sie waren infolgedessen universal und partikularistisch eingestellt; denn Universalismus und Partikularismus gehen in der Regel zusammen.« Anschaulich erklärte die Historikerin die Brüche aus der Geschichte: »Das Einheitsgefühl war sehr schwach. Die deutschen Kaiser mußten sich ja gewöhnlich das ganze Reich erst erobern, und ganz in der Hand hat es wohl kein einziger gehabt. Allmählich bildeten sich die verschiedenen Länder, die zum Teil an Deutschland angrenzten, zu Einheitsstaaten mit starkem Nationalgefühl aus, und in den Beziehungen zu diesen Einheitsstaaten bekam der deutsche Universalismus einen anderen Charakter. Er wurde zur Schwäche und beinahe zur Charakterlosigkeit.« Kein Pathos verunreinigte ihre klaren Worte. Sie berührte das Sprachproblem:»Es ist ja bekannt, daß lange Zeit nur die unteren Klassen des Volkes deutsch sprachen. Die höheren Klassen sprachen französisch. Und ein preußischer König sagte von sich selber, er spreche deutsch wie ein Kutscher ... Als dann endlich ein deutscher Einheitsstaat entstand, von Preußen unterbaut, da waren die Deutschen voll Glück und Stolz, daß sie nun auch besaßen, was die anderen schon lange hatten, und sie äußerten ihre Freude vielleicht etwas zu laut und zu prahlerisch.«

Knapp skizzierte sie so die schwierige deutsche Geschichte und legte den Schriftstellern, durch die einheitliche Sprache eng mit ihrem Land verbunden, als Ausweg in einer »Zeit, wo alles fragwürdig geworden ist und wo alle Bemühungen auf Hoffnungslosigkeit, auf Verbitterung ... stoßen«, nahe: »... wenn sie da lehren wollten, das wohl weniger durch Schreiben tun als durch Vorleben, indem sie es verstehen, Weltbürger zu sein und in erster Linie Deutsche«.

Schließlich setzte sie ihr eigenes Leben als Beispiel ein für ein natürliches Nationalgefühl und distanzierte es von Fremdenhaß, Chauvinismus und Dünkel:»Ich habe Geschichte studiert und kenne die Geschichte nicht nur meines eigenen Volkes, sondern auch die der anderen Nationen gut. Ich habe jahrelang in der Schweiz gelebt und fühle mich dort wie zu Hause. Ich war mit einem Italiener verheiratet und habe gern in Italien gelebt. Alle diese Umstände haben bewirkt, daß ich ganz frei bin von einseitigem Nationalismus. Aber national fühle ich durchaus. Mich hat immer der Ausspruch eines sehr großen, sehr zeit- und volksnahen deutschen Schriftstellers bewegt, der vielleicht mehr als irgendein anderer Deutscher über seine Grenzen hinaus gewirkt hat, nämlich Luther: ›Für meine Deutschen bin ich geboren, und ihnen diene ich auch.‹ Um Deutschland zu retten, um Deutschland zu dienen, haben in den letzten Jahren viele ihr Leben geopfert. Ihrer soll jetzt in Trauer und Verehrung gedacht werden.«[156] Mit zarter Stimme hatte sie das zwischen Extremen schwankende deutsche Nationalgefühl umkreist.

Wieder heftiger Applaus. Schriftsteller mögen pathetische Momente. Mit politischem Gespür hatte sie ihren Zuhörerinnen und Zuhörern in der Nachkriegszeit das Nationalgefühl nahegebracht und es gleichzeitig mit dem pädagogischen Appell an die Schriftsteller, es zu lehren und anderen beizubringen, verbunden.

Einen Satz hat sie jedoch in ihrer Rede weggelassen, der im schriftlichen Text zu finden ist: »Ich bin in den schrecklichen letzten Jahren oft an meinem Volke verzweifelt; aber gleichzeitig habe ich so viel Seelengröße, Opferbereitschaft, Heroismus und hohe Tugend gesehen, und nach dem Zusammenbruch so viel Geduld und Haltung im Ertragen unermeßlichen Elends, daß für mein Gefühl das Schlechte dadurch ausgeglichen ist.«

Warum hat Ricarda Huch, die Tafel mit den Namen der Toten hinter, die Emigranten und die Schriftsteller aus Ländern, die von den Deutschen überfallen und zerstört worden waren, vor sich, diese Worte, die zu Kritik Anlaß gegeben haben[157], nicht ausgesprochen, sondern ausgelassen? Hat sie gespürt, wie unerträglich eine solche, dem Zeitgeist entsprechende Exkulpation gewesen wäre? Hat sie den Abgrund, der zwischen den Emigranten und den Schriftstellern der inneren Emigration klaffte, fast körperlich gespürt und geahnt, er würde sich nicht mehr schließen? Oder war ihr der Traum von einem anderen Deutschland zerronnen?

Ein letztes Mal begegnen wir hier Ricarda Huchs Ambivalenz. Einerseits spürte sie mit ihrer außergewöhnlichen Feinsinnigkeit, wie sehr ihre Aussage die remigrierten jüdischen Autoren verletzen würde, andererseits stand quer dazu ihr Wunsch, den deutschen Schriftstellern, die im Lande geblieben waren, eine heimatliche Selbstsicherheit zu geben.

Ricarda Huchs Ruf nach einem vereinigten Deutschland und ihr beharrlicher Widerstand gegen ein besetztes Deutschland sprachen eines der damaligen Gegenwartsprobleme an und ernteten Zustimmung bei einem begeisterten Publikum, welches das heiße Eisen in den folgenden Diskussionen dann lieber doch nicht anfaßte. Vor allem wollte sie eines: Aus ihrer tiefen Sorge um ihre Landsleute heraus ausgleichen, aufbauen und versöhnen, erst recht in diesem Augenblick. Sie wäre nicht fähig gewesen, ohne eine Andeutung von Hoffnung ihr Land zu verlassen. Man muß sich zudem vergegenwärtigen, in welch bewegter Lebensphase sich die alte Ricarda Huch befand, die dabei war, ihre letzte Heimat zu verlieren, und wieviel diplomatisches Geschick erforderlich war, um diese Situation vor einem gespaltenen Kongreß, den sie zusammenführen wollte, zu bewältigen.

Nach ihr sprachen Günther Weisenborn und Elisabeth Langgässer, deren Beitrag in die Aufforderung mündete: »Vor allem gönne man der Sprache eine Zeit der Ruhe und des Schweigens.«[158]

Doch nichts liegt einem Schriftstellerkongreß ferner. Die nächsten drei Tage vergingen mit zahlreichen Reden, Arbeitssitzungen, Diskussionen über die Schuldfrage und die innere Emigration. Der Schriftsteller und Literaturprofessor Hans Mayer entwarf anhand von Brechts *Die heilige Johanna der Schlachthöfe* für die Schriftsteller ein Programm: »Es kommt nicht darauf an, wenn heute einer von uns geht, daß er gut gewesen ist, es kommt darauf an, daß er mithalf, eine gute Welt zu schaffen und zu hinterlassen. Das ist die Aufgabe, wie ich glaube, die auch dem Schriftsteller in der heutigen Gesellschaft gestellt ist.«[159]

Wachsam verfolgte Ricarda Huch die Äußerungen der Redner aus allen Besatzungszonen. Geduldig saß sie alles ab, die Ost-West- und Rechts-Links-Diskussionen, die unzähligen Eingaben und Proklamationen, die heute einen großformatigen Band von 542 Seiten füllen. »Zwar werde ich zu jeder Sitzung im Auto geholt und wieder zurückgebracht«, schrieb sie in ihrem Brief vom 6. Oktober 1947 an Elsbeth Merz, »und ich sitze in einem Prunksessel und tue nichts, und neben mir sitzt ein Mann und erledigt das Geschäftliche. Aber trotzdem ist es sehr ermüdend.«[160] Sie war froh, die leidenschaftlichen Reden, den Wodka, die russischen Chöre, das Ballett und die Krakoviak tanzenden Sowjetsoldaten, die Trinksprüche und brüderlichen Umarmungen einigermaßen glimpflich zu überstehen. Dazu noch die Rundfunkinterviews, die Zeitungsreporter, die zahlreichen Menschen, die das Gespräch suchten. Ganz abgesehen davon, daß sie jede freie Stunde nutzte, um weiter Stoff für ihr *Gedenkbuch* zu sammeln.

Die Stimmung war angespannt. Am Vormittag des 7. Oktober kam es nach einer hitzigen Debatte über Grundfragen des Ost-West-Konflikts zum Eklat, als der amerikanische Publizist

Melvin J. Lasky um das Wort bat. Unter plötzlich einsetzendem Blitzlichtgewitter führte Lasky in einer langen Rede mit Genugtuung aus, wie frei der Schriftsteller seit hundertfünfzig Jahren in den USA sei (der Schriftsteller dort, so Lasky, »blieb ein Rebell«[161]) und wie unterdrückt in der Sowjetunion – eine gezielte Provokation. Der Kalte Krieg war beim Kongreß angekommen.

Der russische Erzähler und Dramatiker Valentin Katajew holte zum Gegenschlag aus und betonte, froh zu sein, daß er »endlich einen lebendigen Kriegsbrandstifter zu Gesicht bekommen habe. Bei uns in der Sowjetunion gibt es solche Exemplare nicht.« Seine Worte endeten in dem Appell an die deutschen Schriftsteller, in erster Linie »volksnah« zu sein: »Vorwärts zu besserer Zukunft.«[162]

Ein Riß ging durch die aufgeregten Gruppen. Zwei Ideologien kämpften um ihren Literaturbegriff und um Verbündete, jeder wollte jeden auf seine Seite ziehen. Es scheint, als bildeten sich in dieser Situation bereits symbolhaft die künftigen, mehr als vier Jahrzehnte währenden Erfahrungen, die den Menschen in Ost und West nicht erspart geblieben sind: Man kämpfte gegeneinander, man bespitzelte und verteufelte das andere System, lebte nebeneinander her, ohne wirkliche Diskussion, ohne echtes Interesse, ohne kritische und selbstkritische Reflexion.

Am Schluß richtete Ricarda Huch an die Schriftsteller ein paar einfache Sätze, in denen ihre Lebensphilosophie sichtbar wurde – den Abschiedsschmerz behielt sie bei sich: »Wenn Menschen auseinandergehen, so sagen sie auf Wiedersehen. Für uns, die wir an einem radikalen Ende stehen und den Untergang erlebt haben, ist es notwendig, uns immer bewußt zu sein, daß auf ein Ende etwas Neues folgt.«[163]

»Als sie sich erhob«, erinnert sich die Schriftstellerin Hertha von Gebhardt, »erhoben wir uns alle. Es war für mich und nicht nur für mich allein der Höhepunkt jener Tage ... Es hatten viele gegeneinander gestanden. Gegen Ricarda Huch hatte keiner gestanden. Vor der Frau, die weithin sichtbar die deutsche Dichtung repräsentierte, standen wir auf und neigten uns alle.«[164] Skeptisch hob Ricarda Huch die Brauen. Sie wußte, wem der Beifall galt. Dem Faktotum: »Das Rhinozeros steht unerschüttert im Glasschrank.«[165] Der Uralten, die bald ins Gras beißen würde. Der Kühnen, die in Deutschland am Platz geblieben war. Der Aufrechten, die nie auf die Nazis hereingefallen war. Es war ihr großer letzter Auftritt als Mutter der Deutschen, Königin der inneren Emigration.

Müde und gedankenverloren fuhr Ricarda Huch mit Marietta Böhm im schwarzen Horch zurück ins Hotel. Der Abschied rückte näher, ihr Weggang aus der SBZ, es war höchste Zeit, denn sie konnte ihren Aufenthalt in Berlin vor Johannes R. Becher nicht länger mit den Interviews für ihr Widerstandsbuch rechtfertigen.

Ein weiterer Abschied stand ihr bevor, der schmerzlichste vielleicht. Es war ihr klargeworden, daß sie auf den geplanten dritten Teil ihres *Gedenkbuchs* über die Rote Kapelle verzichten mußte. Erst erwog sie, Carl Zuckmayer zu gewinnen, doch dieser wollte sich dem Kreisauer Kreis widmen. Und da sie wußte, daß Günther Weisenborn ebenfall an einem Buch über den Widerstand arbeitete, schrieb sie ihm am 15. Oktober noch aus Berlin einen Brief. Sie berichtete, daß sie es schweren Herzens aufgebe, über die Rote Kapelle zu schreiben, was ihr »insofern sehr peinlich« sei, »als mehrere von den Angehörigen, z. B. Frau Schulze-Boysen, Frau Harnack, mir bereitwillig Material gegeben haben … Noch habe ich mich nicht entschließen können, ihnen diese Enttäuschung zu bereiten. Es würde mir leichter fallen, wenn ich ihnen zugleich sagen könnte, daß ein anderer diese Aufgabe übernommen hätte, der sie mit der gleichen Liebe und Treue ausführen würde, wie ich es getan hätte. Indem ich mir überlegte, wer dieser andere sein könnte, wurde mir klar, daß niemand so gut dafür geeignet wäre wie Sie, der den ganzen Prozeß kennt und vermutlich vielen der beteiligten Personen nahegestanden hat. Würden Sie das tun?«[166]

Weisenborn sagte zu, sie traf ihn und versprach, ihm das Material zu diesem Komplex zuzusenden. 1953 erschien Weisenborns Buch *Der lautlose Aufstand*. In der Einleitung sowie auf dem Umschlag bezog sich der Verlag auf Ricarda Huchs Material, spätere Auflagen enthalten lediglich im Impressum einen kleinen Vermerk.

Kurz darauf verließ Ricarda Huch mit ihrer Tochter Berlin, in der Tasche nach wie vor ihr Manuskript zum Widerstand. Ohne Zweifel hatte sie etwas verloren und etwas gewonnen. Einen Teil ihrer Arbeit ließ sie zurück, die tiefe Zustimmung, die Achtung, die ihr entgegengebracht worden war, den Applaus für die letzten Worte der alten Rebellin nahm sie mit.

Den Applaus hatte sie sich wirklich verdient.

13
»Ich wußte nur das eine: ich *kann* nicht mehr ...«

Ricarda Huch, um 1947

Am 25. Oktober 1947 verließen Ricarda Huch und Marietta Böhm die SBZ, in der man den Menschen zu ändern suchte, und brachen auf zu einem anderen Planeten, in dem man Unbearbeitetes weiterschleppte. War in ihrem Blick immer noch die alte Gelassenheit, diese intelligente Contenance, mit der sie alles prüfte? An Mut hat es ihr nie gefehlt. Aber lag in ihren Augen nicht eine gewisse Skepsis vor den Verhältnissen, in die sie sich hineinbegab?

Die Probleme, die sie mit der Realität der Westzonen haben würde, hatten mit ihrem politischen Engagement zu tun. Nur Dichterin zu sein – das genügte ihr nicht mehr. Aber war sie in den Augen des Westens nicht das, was sie nicht mehr sein wollte: eine große und einsame Dichterin, die die deutsche Geschichte zu Ende dichtete?

Endlich saßen Marietta Böhm und Ricarda Huch im plombierten Waggon der britischen Besatzungsmacht und fuhren heimlich Richtung Hannover. Von dort aus sollte es weiter nach Frankfurt gehen.

Ricarda Huch, mit dreiundachtzig Jahren immer noch unterwegs, immer noch auf der Suche, wieder heimatlos, und ehe sie auf dem unkomfortablen Sitz Platz nahm, straffte sie ihren Rücken: ihre makellose Haltung, ein Bekenntnis zu Pflicht und Verantwortung, aber auch zum Klassenvorteil. Daß sie zwei Jahre nach Kriegsende noch einmal reisen würde wie eine Vagabundin, zwei Röcke übereinander, das Manuskript zum Widerstand zwischen Korridorfenster und Schulter geklemmt, die großen Reisetaschen mit ihren Papieren, Dokumenten und Notizen unter dem Sitz – im Platzsparen hatte sie Routine –, hätte sie das gedacht?

Ich konnte nur Vermutungen anstellen über das, was sie dachte, und wollte mehr über Ricarda Huchs Gedanken erfahren, über diese letzte Reise, über ihre Gefühle. Deshalb sitze ich mit Antje Lemke im Freiburger Weinlokal und lasse mir von der Begleiterin ihrer letzten drei Wochen berichten. Antje Lemke, in der ich so etwas wie eine jüngere Schwester Ricarda Huchs sehe, hat kleine diskrete Aufsätze über sie geschrieben, aus denen ich nur wenig Neues erfahren habe, und ich bin sicher, daß das nicht alles sein kann. Als wir uns treffen, weiß ich nicht, daß dies die letzte Gelegenheit ist, denn Antje Lemke wird nicht mehr reisen.

Die letzten Tage in Berlin waren ein Teufelsritt gewesen angesichts der Vertreter des Kulturbundes, die immer hartnäckiger ihre Rückkehr nach Jena forderten. So verließen Ricarda Huch und ihre Tochter das Hotel heimlich über den Dienstboteneingang. »Abenteuer sind hübsch, selbst wenn sie sehr strapaziös sind, aber man muß gesund dabei sein, und das war ich leider nicht. Auch war es eine Kette von Verstellung und Schwindel«, heißt es in ihrem Brief vom 31. Oktober 1947 an Eva Merz, »und das liegt mir eigentlich nicht …«[167]

Vor Ricarda Huch und Marietta Böhm lag eine Ruinenwanderung im Morgendunkel durch ein Trümmer-Berlin mit schwarzen Straßen, zu Fuß mit den schweren Taschen zum zerstörten Bahnhof mit seinem zerschossenen Gestänge, die Holzüberdachung geplündert und verheizt. Immer wieder mußten sie Betonklötzen ausweichen, über Ziegel und Schutt steigen.

Der Rauch der Dampflok überzog die Wartenden mit einer grauen Wolke der Hoffnungslosigkeit. Heimkehrer, Leute mit Bescheinigung, die Verwandte besuchten, ein chaotisches Gedränge. Der sogenannte »Puderzug«, eine fahrbare Entlausungsstelle. Ein Zug mit achtzehn Waggons, davon sechzehn für britische Soldaten und nur zwei für Zivilisten, die penibel plombiert wurden, damit die Grenzer der russischen Zone nichts zu beanstanden hatten. Das Gerangel um den Platz, vorübergehend verschwand Marietta im Gedränge aus Ricarda Huchs Blickfeld.

Die ununterbrochene Anspannung der letzten Wochen, der heimliche Aufbruch, die Traurigkeit über die vielen Abschiede – seit Wochen nahm sie nur Abschied, ohne daß jemand davon wissen durfte. Dazu Berlin. Dieser abrupte Wechsel von hektischer Fröhlichkeit und tiefer Traurigkeit. Berlin, schuldverstrickt und kriegsversehrt. Man hatte sie geduzt, wildfremde Menschen waren ihr um den Hals gefallen. Sie hatte Geschichten gehört, die ihr das Blut gefrieren ließen. Dann wieder schulterzuckende Ernüchterung. Der forcierte Hauptstadtton, durchweht vom Geist der Rebellion und gepaart mit kühlem Verstand. Sie hatte hart gearbeitet, jetzt war sie erschöpft.

Und sie war besorgt. »Ob wir ein Stück von unsern Sachen je wiedersehen, ist noch unentschieden, aber meine liebsten Spielsachen habe ich bei mir, auch die goldene Kette«, schrieb sie in ihrem Brief an Eva Merz. »In Berlin haben wir den zweiten Ohrring verkauft, erzählen Sie es Ihrem Vater. Inzwischen ist der Wert der Diamanten gesunken, aber weil die Steine so auffallend schön sind, bekam ich doch fast ebensoviel wie für den ersten. Es tat mir wirklich leid um den hübschen Stein.«

Eine endlos erscheinende Fahrt durch Schutt und Asche. Sie hatte keine Ahnung gehabt, wie gigantisch und grauenvoll diese Ruinen in einer Großstadt wirkten. Und mitten durch diese tote Stadt rollte der Zug, als sei nichts geschehen. Dicke Dampfwolken zogen am Fenster vorbei und türmten sich über Stoppelfeldern und abgeholzten Wäldern. Eine Fahrt durch ein Deutschland ohne LKWs und PKWs, auf den Straßen hie und da mit Stroh ausgelegte, zockelnde Leiterwagen, darauf die in Decken gewickelten Kartoffelhamsterfrauen. Einmal beobachteten sie Menschen beim »Fringsen«, beim Kohlenklau am Bahndamm. Seit Kardinal Frings in der Silvesternacht 1946 verkündet hatte, daß man es dem einzelnen nicht verwehren könne, das Dringende zur Erhaltung von Leben und Gesundheit zu nehmen, wenn er es durch Arbeit und Bitten nicht erhält, galt es als von der Kirche sanktioniert.

Ab und zu stand der Zug stundenlang. Ricarda Huch vertiefte sich in ein Gespräch mit einer jungen Frau im Abteil: »Die Nacht verging verhältnismäßig rasch in Gesellschaft einer reizenden goldlockigen jungen Frau, die uns von neun bis zwei ihre Lebensgeschichte erzählte.« Eine dramatische und traurige Lebensgeschichte, die Ricarda Huchs Fähigkeit mitzuleiden wie so oft weckte. Zwischendurch arbeitete sie an ihrem Manuskript, machte sich Notizen.

Unruhe entstand im Abteil, als sie in das zerstörte Helmstedt einfuhren. Ende Februar 1945 wurden hier schwere Angriffe geflogen, die eigentlich den Produktionsstätten der Junkers-Werke in Halberstadt gelten sollten. Doch Halberstadt lag unter Wolken und konnte nicht geortet werden. So wurde Helmstedt zum Ziel. Das Postgebäude nahe dem Bahnhof mit seinen Behelfsbaracken, der riesige Umschlagplatz zwischen Ost und West, alles, was die Grenze passieren mußte, wurde hier abgefangen, gesichtet und zensiert. Als nach langer Wartezeit der Zug endlich Helmstedt passierte, löste sich die Spannung im Abteil, die Leute begannen erleichtert zu plaudern. Man feierte die überwundene Grenze. Ricarda Huch straffte die Schultern und suchte ihre Gefühle unter Kontrolle zu bekommen. Da war er wieder, dieser Schmerz,»als wenn man einen Verband abrisse und die Wunde wieder zu bluten anfinge«, und sie wußte:»Ich werde nirgend mehr so glücklich sein, wie ich in Jena war ...«[168] Sie dachte an die Bombennächte, im Haus der Nachbarin verbracht. An ihren Enkel, der gesagt hatte, selbst nachts um drei im Keller sehe sie aus, als sei sie mit schwarzem Rock und Seidenbluse auf die Welt gekommen, Kander, den sie nun schon so lange nicht gesehen hatte.

Wieder blieb der Zug auf freier Strecke stehen, später kamen sie am Lehrer Forst vorbei, den sie in ihrer Kindheit von Braunschweig aus besucht hatte, mit seinen Vögeln und Harzgerüchen, den herrlichen Blaubeeren. Braunschweig, ihre Heimatstadt, die Stadt ihrer beginnenden Liebe zu Richard Huch, dem Vetter und Mann ihrer Schwester, eine Falle, die sie besser mied. Sie fühlte noch die Blicke der Braunschweiger in ihrem Rücken und hörte ihr Geläster. Wie stets, wenn sie in früheren Jahren die Stadt passierte, trat sie, noch bei dem bis zu neunzig Prozent zerbombtem Braunschweig, ans Fenster und zog den Vorhang zu.

Ein Nest, die Grenzstation zwischen dem britischen und amerikanischen Deutschland. Ein paar kaugummikauende Amerikaner, die Käppis schief auf dem Kopf, zwängten sich an ihnen vorbei, prüften Ausweise und stubsten hie und da mit dem Fuß gegen einen Sack. Endlich fuhr der Zug wieder an.

Sie »kamen morgens um halb fünf in Hannover an, schwer mit Gepäck beladen, ohne einen Augenblick geschlafen zu haben«[169], schrieb Ricarda Huch in ihrem Brief an Annemarie Dahlet. »Dort ist nichts, kein Warteraum, kein Gepäckträger, das pure Nichts ...«[170]

Das pure Nichts, dem sie entgegenging. Die junge Frau aus ihrem Abteil kannte die Strecke und wußte, daß man im Wellblechraum der britischen Eisenbahnbeamten Unterschlupf finden konnte. »Es wurde uns erlaubt, in dem Raum uns aufzuhalten, der für die englischen Reisenden eingerichtet war. Dort waren sie sehr freundlich, ich durfte an dem Ofen auf dem einzigen besseren Stuhl sitzen – man sah mir an, wie elend ich war – und immer wieder boten sie uns Tee an. Wir saßen dort sechs Stunden, bis unser Zug abging. Abends um sechs kamen wir hier an, vollständig gerädert. Da standen wir mit einem Haufen Gepäck auf dem dunkelen eiskalten Bahnsteig, ich zum erstenmal in meinem Leben einem Zusammenbruch nahe.«[171]

Die Gabe, sich immer wieder aufzurichten, war ihr nicht ein für allemal gegeben. Sie hatte in dieser ausgelieferten Situation nichts, woran sie sich halten konnte, dahin ihre patriotischen Ziele und moralischen Werte, alles dahin: Ihr Sein brach zusammen, wenn sie nicht Widerstand empfinden konnte.

»Unser Wagen war der letzte, der Bahnsteig erstreckte sich dunkel und unabsehbar vor uns. Unser Gepäck war mit Hilfe eines jungen Mannes hinausgeschafft, da lag es, mindestens neun Stück, dazu Mäntel usw. Nachdem wir eine Weile vergeblich gewartet hatten, machte sich Busi auf, einen Gepäckträger zu suchen. Ich stand zähneklappernd und bewachte das Gepäck.«[172] Es war, als sei die Welt finster und ungeboren wie am ersten Tag. Nichts war geblieben außer Not und Einsamkeit.»Endlich, endlich kam Busi mit einem Mann, der die größten Gepäckstücke sich auflud, das andere nahm sie«, erzählt Ricarda Huch weiter.»Der Mann ging mit großen Schritten voran, Busi folgte so schnell sie konnte, ich, da ich nachtblind bin und nichts sah, bemühte mich verzweifelt, die Spur nicht zu verlieren. So komm doch! rief Busi immer, es ist nichts im Wege, du kannst ohne Hindernis weitergehen. Aber das hilft wenig, wenn man nichts sieht. So halte dich doch fest an mir, rief Busi; aber ich hatte beide Hände voll. Sind Sie asthmatisch? fragte der Mann laut (denn ich konnte ja auch taub sein). Nein, sagte ich, ich sehe schlecht. Meine Mutter ist dreiundachtzig Jahre alt, sagte Busi entschuldigend.«

Hinweggeschwemmt die alten Gedankenwege, die alten Werte, übrig geblieben waren nur ihre Hilflosigkeit und Desorientiertheit. Ihre ganze Kraft ging in den Versuch, sich von dieser Finsternis nicht ganz betäuben zu lassen.»Nun zerschmolz der Mann in Mitleid. Ja, das ist natürlich schlimm, das tut mir aber leid usw. … Mir war so zumute, wie mir, glaube ich, noch nie zuvor gewesen ist; ich hatte das Gefühl vollständiger Ohnmacht gegenüber der gegenwärtigen Lage … Ich wußte nur das eine: ich *kann* nicht mehr …«

Die erste Nacht im Westen, nur schwarzer Himmel und Erde. Franz Böhm hatte sie in der Dunkelheit nicht gefunden, da tauchte plötzlich »Herr Märtens« auf, der frühere Oberbürgermeister von Jena, ein Freund, der erst vor kurzem nach Frankfurt gezogen war. Ein Chauffeur riß eine Autotür auf, ermattet sank Ricarda Huch auf den Sitz. Nach einer Rumpelfahrt über kaputte Straßen mit riesigen Schlaglöchern erreichten sie endlich das Gästehaus der Stadt Frankfurt in Kronberg im Taunus, empfangen von einem höflichen Personal.

»… solche Augenblicke wie der, als ich das Auto und dann, als ich das Bett sah, sind selten im Leben«, schrieb sie weiter an Eva Merz. »Ich blieb zu Bett liegen und fühlte immerzu: Ich liege! Ich ruhe mich aus! Ich bin in einem warmen Zimmer.«

Ein Zimmer, groß und schön, mit drei Betten, einem Tisch und ein paar Stühlen. Ehe Ricarda Huch ins Bett sank, packte sie noch mit letzter Kraft ein paar Habseligkeiten aus und errichtete sich so etwas wie einen geheimen Altar, einen Reliquienschrein, mit den Fotos von Kander, Marietta und Franz, mit der blauen Glaskugel von Marie Baum, einem Zeitungsausschnitt über Julius Leber, dem Sterbebildchen von Kurt Huber, umgeben von ihrer kleinen Menagerie, der weißen Hindin von Dorothea Dove, dem kleinen Löwen aus Venedig, und legte sie zum Manuskript neben das Bett. Zuletzt noch ein Häuflein Erde, das sie aus Jena mitgenommen hatte.

Am nächsten Tag tat sie etwas, was sie noch nie getan hatte: Sie blieb im Bett »mit dem seligen Gefühl eines aus dem Schiffbruch Geretteten. Ich dachte immer: ich liege und bin warm und kann schlafen.«[173]

Aber bereits am folgenden Tag saß sie, nach einer mit Husten verbrachten Nacht, über ihrem *Gedenkbuch*, schrieb auf, was sie bei ihrem Berlinbesuch Neues erfahren hatte, und schleppte sich hartnäckig über die Seiten – sie kannte keine Nachsicht mit sich selbst. Heroisch suchte sie, ihr Wort den Hingerichteten gegenüber zu halten. Doch ihr Wille, das *Gedenkbuch* um jeden Preis einem Ende zuzuführen, war nicht stärker als der Tod. Die kalte, heimatlose Nacht auf dem Bahnhof in Hannover hatte ihr die letzte Kraftreserve genommen.

Als drei Tage später in der Nacht ein Auto vor dem Gästehaus hielt und Antje Lemke, die mit dem Lastwagen eine aufreibende Reise hinter sich hatte, mit sechs Koffern das Haus betrat, schlief Ricarda Huch fest, und als sie am nächsten Morgen erwachte, lag bereits der Ordner mit den Briefen zum Widerstand neben dem Bett, und sie wußte: Antje ist da, und mit ihr all ihre Dokumente.

Ihre Tochter war nach der durchwachten Nacht, in der Ricarda Huch von Hustenanfällen geschüttelt wurde, in ein anderes Zimmer gezogen, nun zog Antje Lemke in Ricarda Huchs Zimmer ein. Sie tranken Tee, den Antje Lemke aus Jena mitgebracht hatte, und bei jedem Schluck stellte Ricarda Huch die Tasse ab, um zu husten.

Antje Lemke zeigte ihre Betroffenheit über Ricarda Huchs Zustand nicht. Doch die Empfindung, daß sie nicht mehr lange zu leben hatte, trieb Ricarda Huch um.»... ich hänge instinktiv am Leben und fürchte das Nichtleben«[174], hatte sie einmal an Marie Baum geschrieben, so war es immer noch. Mit ihrer Tochter sprach sie nie über den Tod, nur Antje Lemke weihte sie in ihre Ängste ein. Oft blickte sie hinunter in den Garten zur venusartigen Brunnenfigur und zur Thuja, die sie an den geliebten Baum in Jena erinnerte.

Gerade in diesen Tagen kam Ricarda Huch immer wieder auf Sophie Scholl zu sprechen, deren Ernsthaftigkeit und Unerschütterlichkeit sie bewunderte. Diese reinste Form des Widerstands hatte sie immer wieder beglückt, jetzt lastete der schwere Tod der »Kinder« auf ihr. Den jungen Widerstandskämpfern galt ihre letzte Liebe.

»Mein Jahrgang, beinahe«, sagt Antje Lemke, und sie kann es noch immer zitieren, was Ricarda Huch über Sophie Scholl geschrieben hat:»›Versuchte sie Gott zu denken, tat sich ein fürchterlicher Abgrund vor ihr auf. Sie wollte ihn im Gebet erfassen und betete in eine bodenlose Leere hinein. Ihr Gebet konnte immer nur sein: Ich glaube! Herr, hilf meinem Unglauben! Aber nicht einmal so hätte sie mit Überzeugung beten können. Wenn sie sich lange vergeblich gequält hatte, war sie todmüde und ausgeleert.‹[175] Diese Sätze sind Teil von Ricarda gewesen, in ihren letzten Tagen.«

Der nächste Tag fand eine veränderte Ricarda Huch vor, sie fieberte und war unruhig, mit fleckig geröteter Haut. Sie atmete schwer und rasselnd; der Arzt konstatierte eine schwere Lungenentzündung, aber es gab kein Penicillin. Das eilig über den Vatikan bestellte Medikament kam zu spät.

Antje Lemke blieb die Nächte über in Ricarda Huchs Zimmer. Sie verfügte über dieses unumwundene Handeln, diese praktische, zupackende Klugheit, die an Ricarda Huch erinnern mag. Mit ihr verband Ricarda Huch eine größtmögliche Offenheit. Marietta Böhm hingegen war voll Panik, zitterte und fror, sie war voller Ängste – ihre Mutter beschützte sie nicht mehr. Sie hatte nicht Antjes Lemkes leichte Art, mit ihrer Mutter umzugehen.

Antje Lemke holt Ricarda Huchs Geschenk, ein Traumtagebuch, hervor, in dem sie mit ihrer selbst erfundenen Kurzschrift, entstanden, um die Gespräche mit den Angehörigen der Widerstandskämpfer festzuhalten, ihre Träume aufgeschrieben hat. Seit Jahren hatten sie jeden Morgen ihre Träume ausgetauscht.

Jetzt träumte Ricarda Huch schlecht. Sie hatte Angst. Angst vor dem Sterben. Angst vor dem Schmerz. Angst, dem Tod nicht gewachsen zu sein. Das Leben, das gelebt wurde, das sich vollendete und dessen Kreis sich schloß, führte auch bei der religiösen Ricarda Huch zur Frage: Wozu? Antje Lemke, wie Ricarda Huch auf sehr persönliche Weise und aus der Kenntnis der Religion heraus an sie gebunden, stand davor, andächtig, schweigend, dann beharrte sie: Es war der Mühe wert! Antje Lemkes Zuneigung war für Ricarda Huch eine große Hilfe; mit ihrer ungewöhnlichen Begabung, die Regungen ihrer Freundin zu deuten, begleitete sie sie behutsam auf ihrem Weg.

Die letzten Tage sprach Ricarda Huch wieder hell und klar. Abends, wenn es an der Zeit war, vorzulesen, griff Antje Lemke aus der Schachtel mit den Büchern nach dem alten Wälzer *Auf der Suche nach dem goldenen Gott. Orellana entdeckt den Amazonas* von Franz Born. Ricarda Huch liebte Abenteuer- und Entdeckergeschichten. Sie richtete sich ein wenig auf, ihre Augen glänzten ungesund, als Antje Lemke begann: »Von jeher haben ja die großen Ströme der Erde ebenso wie die großen Berge die Menschen angezogen. Sie sind Persönlichkeiten von unverwechselbarer Eigenart, und eine farbige Welt wird in uns lebendig, wenn dieser Name genannt wird: Amazonasstrom!«

Als Antje Lemke klar war, daß das Leben ihrer Freundin zu Ende ging, wollte sie Alexander bitten zu kommen, doch Ricarda Huch beharrte darauf, ihn und Franz Böhm erst dann zu sehen, wenn es ihr besserginge. Sie verlangte ihre Boersenzack und schrieb an Kander, der mit dem Jurastudium begonnen hatte, einen Brief, ihren letzten Brief, der Alexander Böhm für den Rest seines Lebens zum Begleiter wurde:

»Ich bildete mir ein, bald würde ich Dich sehen, aber nun sind wir in Frankfurt, und Du bist garnicht da; das, was uns eigentlich hergeführt hat, fehlt. Unser Dasein in letzter Zeit war so voll Anstrengungen und Aufregungen, daß ich beinahe etwas krank bin ... Wenn schon Jura, dann würde ich Staatsrecht studieren, das finde ich sehr interessant, und es eröffnet doch einen weiten Gesichtskreis. Was man als Idealist unter Recht versteht, davon kommt, wie mir scheint, in der Rechtswissenschaft wenig vor. Juristen sind deshalb oft angenehme Menschen, weil sie sich zum Ersatz für vieles neben ihrer Wissenschaft interessieren und Leute von allgemeiner Bildung sind.«[176]

Ihre große Tugend, sich nie zu beklagen und den eigenen Kummer mit Abstand zu sehen, kam in einer ihrer letzten Äußerungen zutage. Ricarda Huch, die die letzten Jahre über dem Sterben der Widerstandskämpfer zugebracht hatte, stieß zwischen zwei Hustenanfällen hervor, nun sei sie, was den Tod betreffe, dermaßen beschlagen, daß sie Angst habe, im Sterben zu versagen. Antje Lemke antwortete nicht, was sie dachte: Das Sterben hat bislang noch jeder geschafft.

»Hast du für mich gebetet, Antje«, fragte Ricarda Huch, »weil ich sterbe?«

»Nein nein«, Antje Lemke schüttelte heftig den Kopf, sie erschrak. Warum log sie? Warum sagte sie nicht, daß sie für Ricarda gebetet hatte? Diese Lüge wird sie ein Leben lang bekümmern.

Ricarda Huch fragte: »Der Wievielte ist heute, Antje?«

»Der siebzehnte November.«

»Dafür ist jetzt die rechte Zeit. Ich habe den November nie gemocht.«

Und später: »Weißt du noch, wie ich sagte, ich kann nicht sterben, solange Hitler noch lebt? Nun steht dem nichts mehr im Wege, ich habe ihn überlebt.«

Früh hatte sich der Winter angekündigt, mit heftigem Wind und Eiseskälte. Die Bäume begannen, ihre letzten Blätter abzuwerfen.

Ricarda Huch phantasierte. Alpträume lagen schwer auf ihr. War es die Vergangenheit, die sie abzuwerfen suchte und die immer noch auf ihr lastete wie ein Alp? War es der moralische Niedergang ihres Landes? Lag es daran, daß sie das andere Deutschland nicht mehr erleben konnte? Oder war es einfach die Last, in ihrem Jahrhundert Dichterin zu sein? Nach einer Weile ging Marietta, die still an ihrem Bett gesessen hatte, wieder hinaus. Sie schaffte es nicht, ihrer Mutter beim Sterben beizustehen.

Ricarda Huchs Träume wurden leichter, während Antje Lemke die Aufzeichnungen zum *Gedenkbuch* aufschlug und las:»Der Tod war großmütig gewesen gegen Hans und Sophie Scholl und Christian Probst. Er war im Sturm gekommen, hatte sie in seinen Mantel gehüllt und durch das prüfende Feuer getragen bis an die blutige Schwelle, wo sie die Tore des Himmels sich auftun sahen.« Totengesänge, die sie uns hinterlassen hat, Totengesänge, die ihren Abschied begleiteten.

Ricarda Huch seufzte auf, ihr Gesicht verfärbte sich, mit keuchendem Atem sprach sie noch einmal von ihrem unvollendeten Buch, sagte, fast unhörbar,»das hätte mir nicht passieren dürfen, die Aufzeichnungen, mir anvertraut, anderen zu übergeben, andererseits konnte ich sie auch nicht dem Vergessen überlassen«. Dann tat Ricarda Huch etwas ganz Einfaches, so einfach, wie ihre letzten Worte auf dem Schriftstellerkongreß gewesen waren: Wenn Menschen auseinandergehen, sagen sie auf Wiedersehen. Sie sagte»Auf Wiedersehen«, indem sie immer unhörbarer zu atmen begann.

Sie starb nicht an der Krankheit allein, sagt Antje Lemke heute, sie starb an Unvollendetem. Dennoch, ihr letzter Brief an Annemarie Dahlet schloß mit den Worten:»Ein Trost ist, daß wir getan haben, was wir tun mußten. Es war ganz entgegen unserer Bequemlichkeit und unserm Wohlsein.«[177]

»Letztes, was man tut, ist sterben«, hat Ricarda Huch einmal geschrieben, und Marie Baum verriet sie ihre Gedanken: »Meine Überzeugung ist, daß auch der Mensch stirbt, wenn seine Arbeit auf Erden getan ist; uns scheint es zwar oft, als überlebe er sich, er erfüllt dann aber doch wohl noch irgendeinen Zweck, wenn auch außerhalb seiner Person.«[178]

Sie seufzte noch einmal auf, erblaßte, wurde starr, und während draußen der Wind große Schneeflocken am Fenster vorbeiwehte, sank Ricarda Huch in die ruhespendenden Arme ihrer einstigen großen Liebe, der Geschichte, in Gestalt der Zeitgeschichte eher eine bescheidene Liebe.

14
In memoriam Ricarda Huch

D as Begräbnis fand auf dem Frankfurter Hauptfried-
hof am 24. November 1947 statt. Der Heidelberger
Pfarrer Hermann Maas hielt die Trauerrede. Der Auftritt der Trauerredner machte das außergewöhnliche Leben
Ricarda Huchs noch einmal deutlich. Am Grab sprachen der
Oberbürgermeister Walter Kolb, eine Vertretung der hessischen Regierung, die Volksbildungsministerin Marie Torhorst
als Abgesandte des thüringischen Landtags, der Rektor der
Universität Frankfurt, Friedrich Zucker von der Universität
Jena, Vertreter der Stadtverwaltung Jena und der Stadt Heidelberg, Ernst Penzoldt für die Stadt München und den
bayerischen Schutzverband und Hans Mayer für den Schutzverband Deutscher Autoren in Berlin. Johannes R. Becher
kam nicht, sondern ließ die letzten Grüße des Kulturbunds an
die Abtrünnige überbringen, Ernst Beutler vom Freien Deutschen Hochstift legte einen Kranz nieder wie auch Abgesandte der SED und der Kommunistischen Partei Hessens,
der überparteilichen Frauenverbände in den Westzonen, Vertreter von Radio Frankfurt, der Frankfurter Studentenschaft,
des Insel Verlags und die Thüringer Freunde. Unter den Trau-
ergästen waren Erich Kästner, Rudolf Hagelstange und Marie
Luise Kaschnitz. Die Stadt Frankfurt hielt am Abend in der
Aula der Johann-Wolfgang-Goethe-Universität eine Gedenkfeier ab, der Kulturbund Thüringen veröffentlichte später eine
Gedenkschrift *In memoriam Ricarda Huch.*

Das Berührendste über Ricarda Huchs Tod schrieb Alfred Döblin. In der Zeitschrift *Das goldene Tor* widmete er ihr als Herausgeber unter dem Titel *Für Ricarda Huch* folgende Zeilen: »Frau Huch habe ich noch wenige Monate vor ihrem Tode, im Juli 1947, in Berlin gesprochen und gesehen. Wie war ich überrascht, als sie eines Morgens, begleitet von Frau Lemke, ihrer Sekretärin, bei mir anklopfte, mir die Hand entgegenstreckte und mich freudig anblickte. Wir hatten uns seit 1933 nicht gesehen. Sie saß jahrelang neben mir in der Akademie, in den Räumen der Akademie der Künste am Pariser Platz, und sagte mir jetzt, daß sie wahrhaftig oft nur zu den Sitzungen gekommen sei, um mit mir zu plaudern, – das Vergnügen war aber noch mehr auf meiner Seite. Wir unterhielten uns da nie über Kunst und Literatur, aber über Gott und die Welt und viel über Leben und Tod. Wir stimmten sehr überein. Man weiß, was für eine sichere, offene und aufrichtige Frau sie war. Das Edle lag nicht nur in ihren Zügen und in ihrer Haltung. Mut war ihr selbstverständlich. Sie war, wie es sich für Naturen ihrer Art gehört, viel zu stolz, um nicht mutig zu sein.«[179]

Anhang

Zitat- und Quellennachweise

1 Huch, Ricarda: Briefe an die Freunde. Hg. u. eingeführt v. Marie Baum. Neubearbeitung u. Nachwort v. Jens Jessen. Zürich: Manesse 1986, S. 447 f. (im folgenden: Briefe an die Freunde)

1 Die letzten Lebensjahre erzählen

2 Huch, Ricarda: Jugendbilder. In: Huch, Ricarda, Gesammelte Werke in elf Bänden. Hg. v. Wilhelm Emrich unter Mitarbeit v. Bernd Balzer. Bd 11. Köln: Kiepenheuer & Witsch 1974, S. 15 ff.
3 Hoppe, Else: Ricarda Huch. Weg, Persönlichkeit, Werk. Stuttgart: Riederer 1951
4 Koepcke, Cordula: Ricarda Huch. Ihr Leben und ihr Werk. Frankfurt a. M./ Leipzig: Insel 1996
5 Gabrisch, Anne: In den Abgrund werf ich meine Seele. Die Liebesgeschichte von Ricarda und Richard Huch. Zürich: Nagel & Kimche 2000
6 Rehmann, Ruth: Unterwegs in fremden Träumen. Begegnungen mit dem anderen Deutschland. München/Wien: Hanser 1993 – Taschenbuchausgabe: München: dtv 1996
7 Feyl, Renate: Der lautlose Aufbruch. Frauen in der Wissenschaft. Köln: Kiepenheuer & Witsch 1999
8 Wahl, Volker (Hg.): Ricarda Huch. Jahre in Jena. Jena 1982 (Schriftenreihe des Stadtmuseums Jena 31) (im folgenden: Wahl)
9 Schwiedrzik, Wolfgang Matthias (Hg.): Ricarda Huch. In einem Gedenkbuch zu sammeln … Bilder deutscher Widerstandskämpfer. Leipzig: Leipziger Universitätsverlag 1997 (im folgenden: Schwiedrzik)

2 »Zu stolz, um nicht mutig zu sein«

10 An die Sektion für Dichtkunst, 2. Februar 1926. In: Jens, Inge, Dichter zwischen rechts und links. Die Geschichte der Sektion für Dichtkunst der Preußischen Akademie der Künste. München: Piper 1971, S. 65
11 Ricarda Huch. Eine Ausstellung des Deutschen Literaturarchivs im Schiller-Nationalmuseum Marbach am Neckar. 7. Mai–31. Oktober 1994. Ausstellung u. Katalog v. Jutta Bendt u. Karin Schmidgall unter Mitarbeit v.

Ursula Weigl. Marbach a. N.: Dt. Schillergesellschaft 1994 (Marbacher Kataloge 47), S. 326 (im folgenden: Ausstellungskatalog)

12 An den Präsidenten der Akademie der Künste zu Berlin, vermutlich 18. März 1933. In: Briefe an die Freunde, S. 220
13 22. März 1933. Ebd., S. 221
14 An den Präsidenten der Akademie der Künste zu Berlin, 24. März 1933. Ebd., S. 222
15 6. April 1933. Ebd., S. 224
16 An den Präsidenten, 9. April 1933. Ebd., S. 225 f.
17 Ausstellungskatalog, S. 329
18 Frankfurter Zeitung, Nr. 359/360 (16. Mai 1933)
19 An Alfred Döblin, 22. Oktober 1933. In: Döblin, Alfred, Für Ricarda Huch. In: Das goldene Tor 3, H. 2 (1948), S. 100 ff.
20 14. Juni 1950. Ebd.

3 »Meine Bücher werden immer weniger gelesen«

21 3. Februar 1929. In: Ausstellungskatalog, S. 310
22 4. August 1929. Ebd., S. 310
23 An Felix Huch, 2. Februar 1930. Ebd., S. 312
24 Ebd., S. 302
25 Frühling in der Schweiz. Jugenderinnerungen. Zürich/Freiburg i. Br.: Atlantis 1938, S. 25 ff.
26 Alte und neue Götter. Die Revolution des neunzehnten Jahrhunderts in Deutschland. Berlin, Zürich: Deutsch-Schweizerische Verlagsanstalt 1930, S. 544 ff.
27 Gesammelte Werke, Bd 10, S. 51
28 Römisches Reich Deutscher Nation. Zürich: Manesse 1987, S. 200 f.
29 Das jüdische Echo, Jg. 1 (1913/14), H. 3, S. 25 f. Zit. nach: Ausstellungskatalog, S. 342
30 Abwehr-Blätter, Jg. 40 (1930), Nr. 5. Zit. nach: Ausstellungskatalog, S. 342
31 Baum, Marie: Leuchtende Spur. Das Leben Ricarda Huchs. Tübingen/ Stuttgart: Wunderlich 1950, S. 349 f. (im folgenden: Baum)
32 Koeppen, Anne Marie: Ein berühmter Name und ein unrühmliches Werk. In: Nationalsozialistische Monatshefte, München, Jg. 6 (1935), H. 63, S. 70 ff. Zit. nach: Ausstellungskatalog, S. 367 f.
33 Briefe an die Freunde, S. 234
34 Ebd., S. 274
35 Maß und Wert, Jg. 1 (1937/38), H. 5, S. 812 ff. Zit. nach Ausstellungskatalog, S. 371
36 An Marie Baum, 28. Dezember 1937. In: Baum, S. 386
37 8. Januar 1939. In: Briefe an die Freunde, S. 302
38 25. Juli 1941. In: Baum, S. 407

39 An Marie Baum, 23. November 1937. In: Baum, S. 383
40 An Martin Hürlimann, 9. Januar 1938. In: Briefe an die Freunde, S. 286
41 Ebd., S. 285
42 Mann, Thomas: Tagebücher 1951–1952. Hg. v. Inge Jens. Frankfurt a. M.: S. Fischer 1993, S. 265. Zit. nach Ausstellungskatalog, S. 389
43 Die Tagebücher von Joseph Goebbels. Teil 1, Bd 5. Hg. v. Elke Fröhlich i. A. des Instituts für Zeitgeschichte u. mit Unterstützung des Staatlichen Archivdienstes Rußlands. München: K. G. Saur 2000, S. 371
44 Ausstellungskatalog, S. 374
45 Ebd.

4 »Der Himmel ist grau«

46 1. Dezember 1935. In: Briefe an die Freunde, S. 248
47 Wahl, S. 9
48 Baum, S. 373
49 An Marie Baum, 4. Dezember 1936. In: Briefe an die Freunde, S. 266
50 An Marie Baum, 11. Oktober 1936. In: Baum, S. 374
51 An Marie Baum, 4. Dezember 1936. In: Briefe an die Freunde, S. 266 f.
52 Baum, S. 379
53 Ausstellungskatalog, S. 377 (Faksimile)
54 22. Dezember 1937. In: Baum, S. 385
55 Briefe an die Freunde, S. 285
56 An Marie Baum, 22. August 1937. In: Baum, S. 380
57 An Marie Baum, 12. Mai u. 15. Mai 1938. In: Baum, S. 389 u. 390
58 Baum, S. 393

5 Oberer Philosophenweg 72

59 An Marie Baum, 2. September 1939. In: Briefe an die Freunde, S. 319. Das inzwischen verwahrloste Haus ist vor kurzem verkauft worden. Was damit weiter geschieht, ist ungewiß.
60 An Anton Kippenberg, 25. Dezember 1939. Ebd., S. 324
61 An Marie Baum, 4. August 1939. In: Baum, S. 396
62 Postkarte aus dem Jahr 1936 (Dt. Literaturarchiv)
63 Briefe an die Freunde, S. 321 f.
64 Beide Zitate aus: Notizhefte (Dt. Literaturarchiv); *Hess*: Bezieht sich auf den Flug von Rudolf Hess nach England am 13. Mai 1941.
65 An Marie Baum, 17. Januar 1938. In: Baum, S. 386
66 An Marie Baum, 26. Dezember 1941. Ebd., S. 411
67 An Marie Baum, 23. April 1944. Ebd., S. 437

68 An Edgar Bonjour, 8. November 1942. In: Bonjour, Edgar, Freundesbriefe. Basel/Frankfurt a. M.: Helbing & Lichtenhahn 1987, S. 110
69 Der 1929 geborene Alexander Böhm, der ehemalige Leiter der Jugendstrafanstalt Rockenberg und Professor für Kriminologie in Mainz, starb 2006 bei einem Verkehrsunfall.

6 »Meine Hände sind noch voll Frost«

70 Baum, S. 398 f.
71 Ebd., S. 404
72 An Marie Baum, 25. Januar 1942. Ebd., S. 412
73 An Marie Baum, 12. März 1944. Ebd., S. 436
74 An Marie Baum, 14. Mai 1941. Ebd., S. 406
75 An Marie Baum, 10. März 1942. Ebd., S. 412
76 An Marie Baum, 11. September 1941. Ebd., S. 408
77 An Marie Baum, 24. Juli 1944. Ebd., S. 448
78 An Marie Baum, 25. Juli 1941. Ebd., S. 407
79 An Anton Kippenberg, 8. Februar 1942. In: Briefe an die Freunde, S. 351
80 4. November 1941. Ebd., S. 347
81 Baum, S. 415 ff. – Wiederabdruck der Ansprache in: Gesammelte Werke, Bd 5, S. 823 ff.
82 An Fritz Salzer, 7. August 1942. In: Briefe an die Freunde, S. 361
83 22. Juli 1944. In: Ausstellungskatalog, S. 392
84 Wahl, S. 28
85 An Marie Baum, 6. Juli 1944. In: Ausstellungskatalog, S. 392
86 An Marie Baum, 19. August 1947. In: Schwiedrzik, S. 27 (Dt. Literaturarchiv, A: Huch, 64.2053)
87 An August Grisebach, 26. Juli 1944. In: Briefe an die Freunde, S. 394
88 Postkarte von Herbert Kühnert (Dt. Literaturarchiv)
89 An Anton Kippenberg, 18. März 1945. In: Briefe an die Freunde, S. 419
90 In: Die Erzählung, Jg. 2 (1948), H. 2, S. 4 ff. – Wiederabdruck in Gesammelte Werke, Bd 11, S. 428 ff. (gekürzte Fassung)
91 Wahl, S. 85

7 »Und kein Krieg, keine Bomben, keine Nazis mehr!«

92 An Martha Friedländer, 7. Januar 1946. In: Briefe an die Freunde, S. 437
93 Vgl. S. 74 f.
94 An Marie Baum, 28. September 1945. In: Baum, S. 472
95 An den Enkel, 2. Juli 1945. In: Briefe an die Freunde, S. 421
96 An Marie Baum, 28. Juli 1945. In: Baum, S. 472

97 Huch, Ricarda: Michael Bakunin und die Anarchie. Frankfurt a. M.: Suhr-
    kamp 1988, S. 81
98 Wahl, S. 61
99 Ausstellungskatalog, S. 411 (Faksimile)

8 »Eine große deutsche Schriftstellerin bittet um Material«

100 Franz Böhm, Gespräch mit Regine Bücheler, Mai 1969 (Nachlaß Böhm im
    Archiv für Christlich-Demokratische Politik, Konrad-Adenauer-Stiftung,
    Sankt Augustin)
101 Wahl, S. 46
102 An Marie Baum, 4. März 1946. In: Baum, S. 487
103 Briefe an die Freunde, S. 476 f.
104 An Emil Henk, 5. April 1946. Ebd., S. 458
105 Briefe an die Freunde, S. 449 ff. – Gesammelte Werke Bd 5, S. 965 f.
106 Dt. Literaturarchiv, z. T. abgedruckt in: Schwiedrzik, S. 7

9 »Immer nur Briefe schreiben«

107 An Fritz Salzer, 30. April 1947. In: Briefe an die Freunde, S. 509
108 An Marie Baum, 2. November 1946. In: Baum, S. 496
109 An Marie Baum, 12. September 1946. Ebd., S. 493
110 Ebd.
111 An Marie Baum, 10. August 1947. In: Briefe an die Freunde, S. 520
112 An Marie-Luise Schulze, 1. Mai 1947. Dieser Brief sowie der zit. Brief von
    Marie-Luise Schulze an Ricarda Huch vom 24. Februar 1947 abgedruckt
    in: Schwiedrzik, S. 231 ff. (Dt. Literaturarchiv, A: Huch, 94.180.1)
113 An Marie Baum, 29. Mai 1947. In: Baum, S. 498
114 An Marie Baum, 10. August 1947. Ebd., S. 499
115 An Marie Baum, 1. September 1947. Ebd., S. 499 f.

10 »Daß mir die Tränen übers Gesicht liefen«

116 Baum, S. 495
117 6. Juli 1947. In: Briefe an die Freunde, S. 514
118 An Harald Poelchau, 13. Juli 1946. Ebd., S. 476
119 Institut für Zeitgeschichte (Z5/A 26, Bd 3); Schwiedrzik, S. 209 f.
120 14. Oktober 1946. In: Briefe an die Freunde, S. 492
121 22. Oktober 1946. Ebd., S. 493
122 Harpprecht, Klaus: Harald Poelchau. Ein Leben im Widerstand. Reinbek
    b. Hamburg: Rowohlt 2004, S. 154

123 Briefe an die Freunde, S. 475
124 Zit. nach Schwiedrzik, S. 83
125 Zur Edition der *Bilder deutscher Widerstandskämpfer*, vgl. Seite 178

11 »In diesem Sklavenlande«

126 Wahl, S. 33
127 Baum, S. 474 f.
128 Baumgarten, Helene: Ricarda Huch. Von ihrem Leben und Schaffen. Weimar: Böhlau 1964; zit. nach Wahl, S. 34 f.
129 Mayer, Hans: Der Turm von Babel, Erinnerung an eine Deutsche Demokratische Republik. Frankfurt a. M.: Suhrkamp 1991, S. 206
130 An Elsbeth Merz, 27. Juli 1947. In: Briefe an die Freunde, S. 517
131 An Lydia Radbruch, 7. September 1946. Ebd., S. 481
132 Wahl, S. 44
133 29. September 1946. In: Briefe an die Freunde, S. 486
134 Baum, S. 482
135 16. August 1946. In: Briefe an die Freunde, S. 479
136 An Lydia Radbruch, 7. September 1946. Ebd. S. 481 f.
137 Ebd., S. 482
138 3. April 1946. In: Wahl, S. 50
139 Briefe an die Freunde, S. 517
140 Münchner Zeitung, 13. August 1945
141 Mann, Thomas: Gesammelte Werke, Bd XII. Hg. v. Peter de Mendelssohn. Frankfurt a. M.: S. Fischer 1980–1986, S. 955 u. 977
142 Ausstellungskatalog, S. 420
143 Ebd., S. 421
144 Abusch, Alexander: Die Begegnung. Die innere und äußere Emigration in der deutschen Literatur. In: Aufbau, Berlin, 10 (1947), S. 497
145 28. Oktober 1947. In: Baum, S. 507
146 Dwars, Jens-Fietje: Abgrund des Widerspruchs. Das Leben des Johannes R. Becher. Berlin: Aufbau 1998, S. 560

12 »Ich sitze in einem Prunksessel und tue nichts«

147 Wahl, S. 53
148 Sonntag, 23. November 1947
149 Welk, Ehm: Das Werk der Ricarda Huch. In: Heute und morgen, 1947/8, S. 530
150 Briefe an die Freunde, S. 524
151 Hierzu und im folgenden zitiert nach: Erster Deutscher Schriftstellerkongreß 4.–8. Oktober 1947. Protokoll und Dokumente. Hg. v. Ursula Rein-

hold, Dieter Schlenstedt u. Horst Tanneberger. Berlin: Aufbau 1997,
S. 101 ff. (Der hier zit. Text folgt dem wortgetreuen Rundfunkmitschnitt.)
152 Trommler, Frank: Der zögernde Nachwuchs. Entwicklungsprobleme der
Nachkriegs-Literatur in Ost und West. In: Tendenzen der deutschen Literatur seit 1945. Hg. v. Thomas Koebner. Stuttgart: Kröner 1971, S. 69
153 Erster Deutscher Schriftstellerkongreß, S. 194
154 Ebd., S. 488
155 Echo der Woche, 31. Mai 1947, S. 3 u. Thomas Mann an Viktor Mann,
27. März 1947. In: Mann, Thomas, Briefe 1937–1947, S. 568
156 Erster Deutscher Schriftstellerkongreß, S. 102 f.
157 Vgl. Braese, Stephan: Die andere Erinnerung. Jüdische Autoren in der
westdeutschen Nachkriegsliteratur. Berlin/Wien: Philo 2002, S. 43
158 Erster Deutscher Schriftstellerkongreß, S. 141.
159 Ebd., S. 212
160 Briefe an die Freunde, S. 523
161 Erster Deutscher Schriftstellerkongreß, S. 295 ff.
162 Ebd., S. 336
163 Ebd., S. 441
164 Wahl, S. 154
165 Ruth Rehmann, ebd., S. 73
166 Ausstellungskatalog, S. 405

13 »Ich wußte nur, ich *kann* nicht mehr«

167 Briefe an die Freunde, S. 525. Die folgenden Zit. auf S. 153 f. ebd.
168 An Annemarie Dahlet, 28. Oktober 1947. In: Baum, S. 508 und 507
169 Ebd.
170 An Eva Merz, 31. Oktober 1947. In: Briefe an die Freunde, S. 525
171 An Annemarie Dahlet, 28. Oktober 1947. In: Baum, S. 508
172 An Eva Merz, 31. Oktober 1947. In: Briefe an die Freunde, S. 526 f. Die folgenden Zit. auf S. 157 f. ebd.
173 An Annemarie Dahlet, 28. Oktober 1947. In: Baum, S. 508 f.
174 An Marie Baum, 22. Mai 1926. Ebd., S. 273
175 In: Die Aktion der Münchener Studenten gegen Hitler, zit. nach Schwiedrzik S. 95
176 1. November 1947. In: Briefe an die Freunde, S. 529 f.
177 28. Oktober 1947. In: Baum, S. 509
178 22. Mai 1926. In: Baum, S. 273

14 In memoriam Ricarda Huch

179 In: Das goldene Tor 3, H. 2 (1948), S. 100–114

Zur Edition der »Bilder deutscher Widerstandskämpfer«

Die von Ricarda Huch mit viel Elan und unter großen Mühen 1946 begonnene Arbeit an ihrem *Gedenkbuch* für *Die Märtyrer der Freiheit* unter dem Titel *Bilder deutscher Widerstandskämpfer* blieb unvollendet. Postum erschienen die biographischen Skizzen der Mitglieder der *Weißen Rose* – Hans und Sophie Scholl, Kurt Huber, Christoph Probst, Alexander Schmorell und Willi Graf – unter dem Titel *Die Aktion der Münchener Studenten gegen Hitler* 1948/49 fortlaufend in der *Neuen Schweizer Rundschau* (NF 16, 1948/49, S. 283–296 und S. 346–365). Nachdrucke finden sich in den Zeitschriften *Neue Auslese, Hamburger Akademische Rundschau* und *Die Wandlung*. Die Herausgeber der *Gesammelten Werke*, Wolfgang Emrich und Bernd Balzer, benutzten die Erstveröffentlichung in der *Neuen Schweizer Rundschau* als Druckvorlage für den Abdruck in Band 5 (1971), S. 970–1011. Die auf den folgenden Seiten 1012–1047 unter dem Titel *Der 20. Juli* abgedruckten Porträts von Elisabeth Thadden, Nikolaus Christoph von Halem, Klaus Bonhoeffer, Ernst von Harnack, Julius Leber, Theodor Haubach und Jean Paul Oster wurden anhand der Manuskriptvorlagen aus dem Ricarda Huch-Nachlaß im Deutschen Literaturarchiv Marbach a. N. herausgegeben. Wolfgang Matthias Schwiedrzik hat in seinem Buch *Ricarda Huch. In einem Gedenkbuch zu sammeln … Bilder deutscher Widerstandskämpfer* (Leipzig: Leipziger Universitätsverlag 1997) sämtliche von Ricarda Huch hinterlassenen Porträts und Skizzen zu diesem Komplex neu herausgegeben. Vgl. darin auch die Einzelheiten zur Editionsgeschichte, S. 65 ff.

Daß Ricarda Huch schon im März 1946 versucht hat, über Johannes Weyl, den Herausgeber des *Südkurier* in Konstanz, die Möglichkeiten einer Buchveröffentlichung zu erkunden, zeigt ein unveröffentlichter Brief von ihr an Weyl vom 5. März 1946, der sich im Archiv des Arche Verlags, Zürich, befindet und hier erstmals (leicht gekürzt) veröffentlicht wird. Der Antwortbrief von Johannes Weyl vom 23. März 1946, der im Konvolut Lemke im Deutschen Literaturarchiv in Marbach liegt und unvollständig ist, ist bei Schwierdzik abgedruckt (Seite 172 f.). Im Arche-Archiv befindet sich kein Durchschlag, auch gibt es keine Unterlagen darüber, daß es einen Verlagsvertrag gegeben oder daß der Gründer und Verleger des damaligen Arche Verlags, Peter Schifferli, bereits weitere Schritte für eine Veröffentlichung unternommen haben könnte. Im folgenden wird ein Auszug daraus mit freundlicher Genehmigung der Rechteinhaber wiedergegeben.

Ricarda Huch an Johannes Weyl

Jena, 5. März 1946
Ob. Philosophenweg 72

Sehr geehrter Herr Weyl,

... Ich werde nun meine kleinen Aufsätze über die »Märtyrer« Ihnen persönlich
zuschicken, in der Annahme, dass Sie sie in der bestmöglichen Weise unterbrin-
gen. Die Schwierigkeit besteht darin, dass ich mir den Stoff dazu verschaffen
muss, und dass das bei der Schwerfälligkeit des Postverkehrs ausserordentlich
umständlich und zeitraubend ist. Ich hatte gehofft, dass ich vielleicht durch die
Zeitung eine Aufforderung erlassen könnte, dass die Verwandten und Freunde
der Betreffenden mich mit Material versorgten. Können Sie mir dazu einen Rat
geben? Ich muss erst wissen, welche Personen in Betracht kommen und dann
möglichst viel über sie wissen. Ich dachte, es wäre gut, später auch von denjeni-
gen Persönlichkeiten zu sprechen, die, wenn sie auch nicht hingerichtet wurden,
doch die Nazis bekämpft und für sie gelitten haben, wie z. B. Herr v. Dietze, Ritter, der Erzbischof Galen u. andere. Doch wollte ich zuerst von den Toten sprechen. Über Elisabeth v. Thadden und Ernst v. Harnack konnte ich mir noch Stoff
verschaffen, dass er zunächst für die Zeitung genügt. Später könnte ich (für das
Buch) die Skizzen erweitern. Über Gördeler hoffe ich mir noch in einiger Zeit
Material verschaffen zu können, da er in dem nahen Leipzig lebte. Damit ist es
aber aus. Können Sie, sehr geehrter Herr Weyl, mir behülflich sein? Es kämen
zuerst die Münchner Studenten in Betracht (Bruder u. Schwester), und es war
da auch ein Professor, ich denke Huber. Es waren aber auch noch viele andere,
ganz abgesehen von den Männern vom 20. Juli. Mir liegt diese Sache sehr am
Herzen, und es ist eine rechte Prüfung für meine Ungeduld, dass ich mir die notwendige Grundlage in so umständlicher Weise verschaffen muss. Über Leute,
die vor ein paar hundert Jahren lebten, ist es weit leichter zu schreiben. Das wun-
derschöne Gedicht von Kuckhoff kannte ich schon. Aber wer war Kuckhoff? Ist
er zugleich mit E. v. Harnack gestorben? Heute ist sein Todestag ...

Darf ich hoffen, dass Sie mir mit Rat und Tat behülflich sind? Wäre es eine
persönliche Angelegenheit, würde ich nicht darum bitten, da jeder ohnehin
übermässig belastet ist; aber es handelt sich, wie mir scheint, um eine Aufgabe,
eine Pflicht des Dankes an die Opfer des Nazismus und eine Rechtfertigung unseres Volkes. Deshalb würde ich mich freuen, wenn diese Arbeit auch in auslän-
dischen Zeitungen erschiene.

Mit verbindlichsten Grüssen
Ihre
gez. Ricarda Huch

Konstanz, 23. März 1946

Sehr verehrte gnädige Frau,
 ich danke Ihnen aufs herzlichste für Ihren Brief vom 5. d. M. und die Manu-
skriptsendung vom 11. 3. Die Skizzen über Elisabeth v. Thadden und Ernst
v. Harnack habe ich noch nicht gelesen, ich lasse sie zunächst abschreiben. Aber
den Eingang wollte ich Ihnen gleich bestätigen.
 Ich betrachte wie Sie diese Angelegenheit als eine Herzensangelegenheit und
eine Verpflichtung ...
 Über die Veröffentlichung des Buches habe ich eine Abrede mit dem Verleger
der ARCHE in Zürich, Herrn Peter Schifferli, getroffen. Das Verlagsverzeichnis
der ARCHE lege ich bei. Die ARCHE ist d e r junge schweizerische Verlag. Er
hat in den letzten Jahren sehr viel für das andere Deutschland getan. Er erfreut
sich des größten Ansehens und steht in vorzüglichen Verbindungen auch zu Verlegern wie etwa Hegner in London. Er bietet also für Ihr Buch genau den Rah-
men, dessen es bedarf, und es wird ein bedeutender Erfolg werden. Herr Schifferli sendet Ihnen in den nächsten Tagen den Verlagsvertrag und meldet
sogleich das Werk unter dem Titel »Bilder der Märtyrer« zum amerikanischen
Copyright in Zürich an.
 Herr Schifferli wird Ihnen bei allen Wünschen, die aus der Schweiz befriedigt
werden können, sehr gern helfen, und ich bitte Sie, sich diesbezüglich unbesorgt
und frei äußern zu wollen ... Wenn Sie Wünsche an Büchern haben, kann Ihnen
diese der Arche-Verlag ohne weiteres sehr gut erfüllen. Als kleine Probe sende
ich Ihnen gesondert den Band »Dies Irae« von W. Bergengruen ...

Benutzte Literatur

Werkausgabe

Gesammelte Werke in elf Bänden. Hg. v. Wilhelm Emrich unter Mitarbeit v. Bernd Balzer. Bd 1–11. Köln: Kiepenheuer & Witsch 1966–1974

Einzelausgaben

Alte und neue Götter. Die Revolution des neunzehnten Jahrhunderts in Deutschland. Berlin/Zürich: Deutsch-Schweizerische Verlagsanstalt 1930
Das Risorgimento. Menschen und Schicksale aus dem Risorgimento. Leipzig: Insel 1918
Frühling in der Schweiz. Jugenderinnerungen. Zürich/Freiburg i. Br.: Atlantis 1938
Michael Bakunin und die Anarchie. Frankfurt a. M.: Suhrkamp 1988
Römisches Reich Deutscher Nation. Zürich: Manesse 1987
Schwiedrzik, Wolfgang Matthias (Hg.), Ricarda Huch. In einem Gedenkbuch zu sammeln ... Bilder deutscher Widerstandskämpfer. Leipzig: Leipziger Universitätsverlag 1997

Briefausgaben

Baum, Marie, Leuchtende Spur. Das Leben Ricarda Huchs. Tübingen/Stuttgart: Wunderlich 1950 (Enthält überwiegend Briefe von Ricarda Huch an Marie Baum.)
Bonjour, Edgar, Freundesbriefe. Basel/Frankfurt a. M.: Helbing & Lichtenhahn 1987
Briefe an die Freunde. Hg. u. eingel. v. Marie Baum. Tübingen: Wunderlich 1955 – Neubearb. u. Nachw. v. Jens Jessen. Zürich: Manesse 1986
Mosaikbild einer Freundschaft. Ricarda Huchs Briefwechsel mit Elisabeth und Heinrich Wölfflin. Hg. v. Heidy Margrit Müller. München: iudicium Verlag 1994
Widmann, Joseph Viktor, Briefwechsel mit Henriette Feuerbach und Ricarda Huch. Einf. v. Max Rychner. Hg. v. Charlotte v. Dach. Zürich: Artemis 1965

Sekundärliteratur

Abusch, Alexander, Die Begegnung. Die innere und äußere Emigration in der Literatur. In: Aufbau, Berlin, 10 (1947), S. 497

Arendt, Hannah, Elemente und Ursprünge totaler Herrschaft. München/ Zürich: Piper 1986

Dies., Zwischen Vergangenheit und Zukunft. Übungen im politischen Denken 1. München: Piper 1994

Baumgarten, Helene, Ricarda Huch. Von ihrem Leben und Schaffen. Weimar: Böhlau 1964

Bloch, Marc, Apologie der Geschichtswissenschaft oder Der Beruf des Historikers. Hg. v. Peter Schöttler. Aus d. Franz. v. Wolfram Bayer. Stuttgart: Klett-Cotta 2002

Franz Böhm. Beiträge zu Leben und Wirken. Hg. v. Archiv für Christlich-Demokratische Politik. Mit Beiträgen v. Kurt Biedenkopf, Eberhard Günther, Bruno Heck, Yohanan Meroz, Ernst-Joachim Mestmäcker. Bearbeitet v. Brigitte Kaff. Melle: Knoth 1980 (Forschungsbericht der Konrad-Adenauer-Stiftung 8)

Braese, Stephan, Die andere Erinnerung. Jüdische Autoren in der westdeutschen Nachkriegsliteratur. Berlin/Wien: Philo 2002

Dertinger, Antje, Heldentöchter. Bonn: Dietz 1997

Döblin, Alfred, Briefe. Hg. von Heinz Graber. München: dtv 1988

Dwars, Jens-Fietje, Abgrund des Widerspruchs. Das Leben des Johannes R. Becher. Berlin: Aufbau 1998

Erster Deutscher Schriftstellerkongreß 4.–8. Oktober 1947. Protokoll und Dokumente. Hg. v. Ursula Reinhold, Dieter Schlenstedt u. Horst Tanneberger. Berlin: Aufbau 1997

Feyl, Renate, Der lautlose Aufbruch. Frauen in der Wissenschaft. Köln: Kiepenheuer & Witsch 1999

Gabrisch, Anne, In den Abgrund werf ich meine Seele. Die Liebesgeschichte von Ricarda und Richard Huch. Zürich: Nagel & Kimche, 2000

Geschichtsschreibung als Legitimationswissenschaft 1918–1945. Hg. v. Peter Schöttler. Frankfurt a. M.: Suhrkamp 1997

Goebbels, Joseph, Die Tagebücher. Teil 1, Bd 5. Hg. v. Elke Fröhlich i. A. des Instituts für Zeitgeschichte u. mit Unterstützung des Staatlichen Archivdienstes Rußlands. München: K. G. Saur 2000

Harpprecht, Klaus, Harald Poelchau. Ein Leben im Widerstand. Reinbek b. Hamburg: Rowohlt 2004

Ursula Heukenkamp, Das lautlose Deutschland. Widerstandsliteratur und ihre Rezeption. In: Ursula Heukenkamp (Hg.), Unterm Notdach. Nachkriegsliteratur in Berlin 1945–1949. Berlin: E. Schmidt 1996

Hoppe, Else, Ricarda Huch. Weg, Persönlichkeit, Werk. Stuttgart: Riederer 1951

Ricarda Huch. Eine Ausstellung des Deutschen Literaturarchivs im Schiller-Nationalmuseum Marbach am Neckar. 7. Mai – 31. Oktober 1994. Ausstellung u. Katalog v. Jutta Bendt u. Karin Schmidgall unter Mitarbeit v. Ursula Weigl. Marbach a. N.: Dt. Schillergesellschaft 1994 (Marbacher Kataloge 47)

Hürlimann, Martin, Zeitgenosse aus der Enge. Erinnerungen. Frauenfeld: Huber 1977

Ihme-Tuchel, Beate, Die SED und die Schriftsteller 1946 bis 1956. In: Das Parlament, 23. März 2000, S. 3 ff.

Jens, Inge, Dichter zwischen rechts und links. Die Geschichte der Sektion für Dichtkunst der Preußischen Akademie der Künste dargest. nach Dokumenten. München: Piper 1971

Judentum. Schicksal, Wesen und Gegenwart. Hg. v. Franz Böhm u. Walter Dirks. Unter Mitarbeit v. Walter Gottschalk. 2 Bde. Wiesbaden: F. Steiner 1965

Juristen an der Universität Frankfurt am Main. Hg. v. Bernhard Diestelkamp u. Michael Stolleis. Nomos: Baden-Baden 1989

Kardorff, Ursula von, Berliner Aufzeichnungen 1942–1945. Hg. u. kommentiert v. Peter Hartl. München: dtv 1994

Klee, Ernst, Deutsche Medizin im Dritten Reich. Karrieren vor und nach 1945. Frankfurt a. M.: S. Fischer 2001

Klemperer, Viktor, So sitze ich denn zwischen allen Stühlen. Bd 1: Tagebücher 1945–1949. Berlin: Aufbau 1999

Koepcke, Cordula, Ricarda Huch. Ihr Leben und ihr Werk. Frankfurt a. M./Leipzig: Insel 1996

Luthers Glaube. Briefe an einen Freund. Leipzig: Insel 1916

Mann, Thomas, Briefe. Hg. v. Erika Mann. Bd 2: 1937–1947. Frankfurt a. M.: S. Fischer 1965

Ders., Tagebücher 1951–1952. Hg. v. Inge Jens. Frankfurt a. M.: S. Fischer 1993

Mayer, Hans, Der Turm von Babel. Erinnerung an eine Deutsche Demokratische Republik. Frankfurt a. M.: Suhrkamp 1991

Molo, Walter von, Offener Brief an Thomas Mann. In: Münchner Zeitung, 13. August 1945

Ders., So wunderbar ist das Leben. Erinnerungen und Begegnungen. Stuttgart: Verlag Deutsche Volksbücher 1957

Mommsen, Hans, Alternative zu Hitler, Studien zur Geschichte des Deutschen Widerstandes. München: Beck 2000

Orlowski, Hubert, Literatur und Herrschaft – Herrschaft und Literatur. Zur österreichischen und deutschen Literatur des 20. Jahrhunderts. Hg. v. Edward Bialek u. Marek Zybura. Frankfurt a. M.: Lang 2000

Pufendorf, Astrid von, Die Plancks. Eine Familie zwischen Patriotismus und Widerstand. Berlin: Propyläen 2006

Rehmann, Ruth, Unterwegs in fremden Träumen. Begegnungen mit dem anderen Deutschland. München/Wien: Hanser 1993 – München: dtv 1996

Dies., Diese steife Ehrfurcht, die mich manchmal so unglücklich macht ... Vortrag, gehalten am 7. Mai 1994 im Dt. Literaturarchiv, Marbach a. N. zur Eröffnung der Ricarda Huch-Ausstellung. In: Magazin f. Literatur u. Politik, hg. v. Verein für die Förderung von Kunst und Kultur in und aus der Region Mönchengladbach e. V., Nr. 27 (April 1998), S. 13–25

Ritter, Gerhard, Der deutsche Professor im »Dritten Reich«. In: Die Gegenwart, 24. Dezember 1945, S. 23

Rüther, Daniela, Der Widerstand des 20. Juli auf dem Weg in die soziale Marktwirtschaft. Die wirtschaftspolitischen Vorstellungen der bürgerlichen Opposition gegen Hitler. Diss. Paderborn/München/Wien/Zürich: Schöningh 2002

Salis, Jean Rudolf von, Grenzüberschreitungen. Ein Lebensbericht. Teil 2: 1939–1978. Frankfurt a. M.: Insel 1978

Schnell, Ralf, Dichtung in finsteren Zeiten. Deutsche Literatur und Faschismus. Reinbek b. Hamburg: Rowohlt 1998

Trommler, Frank, Der zögernde Nachwuchs. Entwicklungsprobleme der Nachkriegs-Literatur in Ost und West. In: Tendenzen der deutschen Literatur seit 1945. Hg. v. Thomas Koebner. Stuttgart: Kröner 1971, S. 69 ff.

Wahl, Volker (Hg.), Ricarda Huch. Jahre in Jena. Jena 1982 (Schriftenreihe des Stadtmuseums Jena 31)

Weisenborn, Günther (Hg.), Der lautlose Aufstand. Bericht über die Widerstandsbewegung des deutschen Volkes 1933–1945. Nach dem Material von Ricarda Huch. Mit einer Einleitung v. Martin Niemöller. Hamburg: Rowohlt 1953

Welk, Ehm, Das Werk der Ricarda Huch. In: Heute und morgen, 1947/48, S. 530

Editorische Notiz

1992, als ich Material über den vergessenen Widerstandskämpfer Max Klingenbeck im Münchner Institut für Zeitgeschichte suchte, stieß ich auf das Konvolut Ricarda Huch und damit auf ihre Korrespondenz mit Angehörigen des Widerstands sowie auf die Akte »Hilfswerk 20. Juli 1944«. In den folgenden Jahren beschäftigte ich mich intensiv mit Leben und Werk Ricarda Huchs. Angeregt durch den 1994 erschienenen, von Jutta Bendt und Karin Schmidgall unter Mitarbeit von Ursula Weigl herausgegebenen Katalog zur Ricarda Huch-Ausstellung im Schiller-Nationalmuseum Marbach am Neckar, fuhr ich dorthin, um die im Deutschen Literaturarchiv befindlichen Briefe und Dokumente im Nachlaß Ricarda Huchs einzusehen.

In den folgenden Jahren begann ich zu recherchieren. Ich traf Frau Prof. Antje Lemke, die in Kanada lebende frühere Mitarbeiterin und Freundin Ricarda Huchs, im Schwarzwald in der Nähe von Freiburg i. Br. Ich reiste nach Jena, um den Wegen der Dichterin nachzugehen, und besuchte die dort lebende Dorothea Dove, auch sie eine Freundin und Mitarbeiterin. Schließlich sprach ich mit Prof. Alexander Böhm, Ricarda Huchs geliebtem Enkel, in Frankfurt am Main. Ich führte weitere Gespräche mit Katharina Christiansen, der Tochter von Annedore Leber, mit Historikern und Zeitzeugen der Nachkriegszeit.

So vorbereitet, begann ich, an einem Roman über die letzten Lebensjahre der Ricarda Huch zu arbeiten, den ich jedoch schließlich beiseite legte. Inzwischen hatte Wolfgang Matthias Schwiedrzik 1997 sein Buch *Ricarda Huch. In einem Gedenkbuch sammeln ... Bilder deutscher Widerstandskämpfer* veröffentlicht.

Doch Ricarda Huch ließ mich nicht los. Ihr 60. Todestag am 17. November 2007 gab mir den Anstoß, aus meinem Material das vorliegende Porträt der letzten Lebensjahre von 1933 bis 1947 entstehen zu lassen, jener Zeit, in der Ricarda Huch eine entscheidende Wende in ihrer Entwicklung als Historikerin und Schriftstellerin vollzog.

Bildnachweis

Deutsches Literaturarchiv Marbach a. N. S. 23, 39, 51, 69, 79, 89, 97, 105 – Bundesarchiv S. 133 – Transocean-Europapress S. 9 – ullstein bild S. 17 – Aus: Wahl, Volker (Hg.), Ricarda Huch. Jahre in Jena. Jena 1982 (Schriftenreihe des Stadtmuseums Jena 31) S. 115, 149

Wir danken den Rechteinhabern für die freundliche Genehmigung zum Abdruck.

Die Rechte an den Texten von Ricarda Huch liegen beim Verlag Kiepenheuer & Witsch, Köln, dem wir ebenfalls für den Abdruck der Zitate danken.

Danksagung

Ich danke Bernd C. Hesslein, der mich in vielen Gesprächen zum politischen Hintergrund jener Jahre angeregt und nach zahlreichen Abstürzen wieder aufgerichtet hat. Gisela Fichtl hat mich mit großer Zuneigung zu Ricarda Huch immer wieder angestachelt, nicht aufzugeben. Elke Fröhlich hat mich zu zahlreichen Verbesserungen angeregt, mit ihr war ich in ständigem Gedankenaustausch und habe viel von ihr gelernt. Antje Lemke-Bultmann, Alexander Böhm und Dorothea Dove haben mir, was sie von Ricarda Huch wußten, in lebendigen Gesprächen mitgeteilt und mir durch ihre Persönlichkeit einen Eindruck von Ricarda Huch vermittelt. Dorothea Dove erzählte mir von Jena in den Jahren 1936 bis 1947. Der von Jutta Bendt und Karin Schmidgall so liebevoll wie professionell herausgegebene Katalog zur Ricarda Huch-Ausstellung im Deutschen Literaturarchiv in Marbach am Neckar hat mir unschätzbare Dienste geleistet; Jutta Bendt hat mich aufmerksam während der Arbeit mit Material versorgt. Detlev Bald hat mir sein reiches historisches Wissen zum Widerstand geschenkt. Katharina Christiansen, die Tochter von Julius Leber, war eine reich sprudelnde Quelle für Geschichten über ihre Mutter. Professor Hubert Orlowski gab mir wertvolle Informationen zur *Krakauer Zeitung*. Hans Dieter Schäfer regte mich an, indem er mir sagte, was er über Ricarda Huch nicht weiß. Siv Bublitz half, daß Vorarbeiten zum Buch entstanden. Nicht zuletzt danke ich meiner Schwester Franziska und meinen zahlreichen Freunden, die unter meinen Gesprächen über Ricarda Huch zu leiden hatten und die sicher froh sind, daß das Buch nun endlich erscheint. Und nicht zuletzt verdanke ich viel Ricarda Huch, die mich in ihre Geschichte und damit in die Geschichte hineingezogen hat – ich habe es, seit ich schreibe, bedauert, nicht Geschichte studiert zu haben.

Barbara Bronnen, in Berlin geboren, aufgewachsen in Bad Goisern und Linz, studierte Germanistik und Philosophie und promovierte über Fritz von Herzmanovsky-Orlando in München, wo sie seit Mitte der 1970er Jahre als freie Schriftstellerin lebt. Zahlreiche Veröffentlichungen. Romane, u. a. *Die Tochter* (1980) und *Das Monokel* (2000), sowie *auf der suche nach a. b.*, Dokumentarfilm über ihren Vater Arnolt Bronnen, Essays und Features. In *Ich bin Bürger der DDR und lebe in der Bundesrepublik* (Vorwort von Uwe Johnson, 1970) und dem Roman *Leas siebter Brief* (1998) widmet sie sich den Themen DDR und Wende, in den Romanen *Die Überzählige* (1984) und *Du brauchst viele Jahre, um jung zu werden* (2005) dem Älterwerden ebenso wie in ihrem 2006 bei Arche erschienenen Roman *Am Ende ein Anfang*.

Barbara Bronnen
Am Ende ein Anfang
Roman
176 Seiten. Gebunden.

Läßt sich im Alter noch die Liebe leben? *Am Ende ein Anfang* ist ein kühnes, kluges Buch über ein heikles Thema, das in unserer älter werdenden Gesellschaft zunehmend an Bedeutung gewinnt. Leise und lebenserfahren erzählt, spannend und erotisch, manchmal komisch, manchmal traurig – dieser Roman macht Mut, nach vorn zu leben. »Ein Roman über ein besonderes Thema – glaubwürdig und sehr berührend.« *Brigitte*

Hermann Vinke
Cato Bontjes van Beek
»Ich habe nicht um mein Leben gebettelt«
Ein Porträt
224 Seiten. Gebunden
27 Abbildungen

In einem bewegenden Porträt schildert Hermann Vinke das Leben von Cato Bontjes van Beek, die der Widerstandsgruppe Schulze-Boysen, der »Roten Kapelle«, angehört hat, und weshalb sie bislang zu Unrecht vergessen wurde.

»Hermann Vinkes Porträt stellt Cato Bontjes van Beek zu Recht neben Sophie Scholl ... Für mich besteht das große Verdienst dieses Buches darin, daß es die liebenswerte Cato 60 Jahre nach ihrer Ermordung öffentlich vorstellt. Hoffentlich wird sie davor bewahrt, vergessen zu werden.«
Helmut Schmidt, DIE ZEIT
»Ein wichtiges Buch, das gerade auch jüngeren Lesern die Bedeutung von Menschlichkeit und Zivilcourage vor Augen führt.« Barbara von der Lühe, *Das Parlament*

Hermann Vinke
Fritz Hartnagel
Der Freund von Sophie Scholl
272 Seiten. Gebunden
10 Abbildungen

»Verwerfen Sie jetzt nicht das Leben«, schrieb die Mutter von
Sophie Scholl am Tag nach der Hinrichtung ihrer Tochter an
Fritz Hartnagel, den Freund von Sophie Scholl, der verwundet
im Lazarett lag.
Fritz Hartnagel, hochdekorierter Stalingradkämpfer, und
Sophie Scholl, die Widerstandskämpferin: Wie lernten sie sich
kennen? Was verband sie miteinander? Wie lebte Fritz Hartnagel nach ihrem Tod weiter? Die Geschichte ihrer tiefen
Freundschaft und schwierigen Liebe schließt eine Lücke in
der Geschichte der »Weißen Rose«.
»Hermann Vinke ist es gelungen, mit leiser Sorgfalt und
großem Takt eine Liebesgeschichte in dunkler Zeit nachzu-
zeichnen.« Ingrid Staehle, *dpa*